La
QUIRO

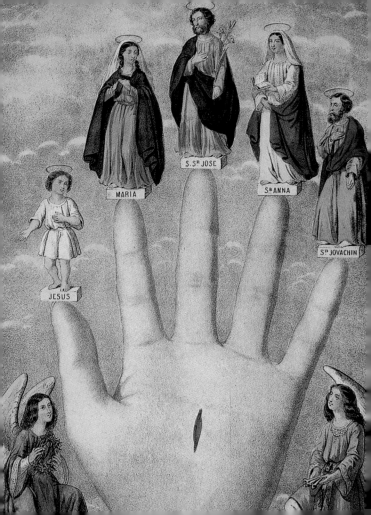

Los secretos de la

QUIROMANCIA

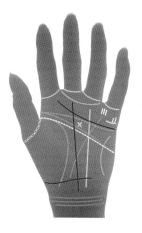

PETER WEST

evergreen

EVERGREEN is an imprint of TASCHEN GmbH

Copyright © de esta edición:
2003 TASCHEN GmbH
Hohenzollernring 53, D-50672 Köln
www.taschen.com

Este libro ha sido concebido, diseñado y producido por
THE IVY PRESS LIMITED,
The Old Candlemakers, Lewes, East Sussex BN7 2NZ
Director artístico Peter Bridgewater
Directora editorial Sophie Collins
Diseñadores Kevin Knight, Jane Lanaway, Alistair Plumb
Editores Rowan Davies and Caroline Earle
Investigadora de imágenes Liz Eddison
Fotografía Guy Ryecart
Ilustraciones Sarah Young, Anna Hunter-Downing, Andrew Kulman
Modelos tridimensionales Mark Jamieson
Copyright © 2001 The Ivy Press Limited

Producción completa de la edición española:
akapit Verlagsservice Berlin – Saarbrücken (www.akapit.de)
Traducción del inglés: Mireia Garmendia Rodríguez (akapit Verlagsservice)
Correctores: Jorge Vitón Tamayo & Karin Porstmann (akapit Verlagsservice)

ISBN 3-8228-2525-5

Los consejos y recomendaciones incluidos en este libro
han sido elaborados y revisados cuidadosamente por
sus autores y por la editorial según su leal saber y
entender. Sin embargo no es posible asumir la
responsabilidad o dar garantías por su contenido.

CONTENIDO

Leer las manos
La forma de la mano, sus líneas, elevaciones y marcas especiales revelan rasgos sobre el carácter de una persona.

CÓMO USAR ESTA GUÍA

Para un fácil uso de *Los secretos de la quiromancia* hemos estructurado esta guía en tres capítulos. El primero detalla los fundamentos de la quiromancia, los diferentes tamaños y formas de las manos, y cómo tomar huellas de la mano para hacer un análisis de la misma en detalle. El segundo describe el significado de las líneas principales y secundarias, así como los trazos que forman. El tercero, *La práctica de la quiromancia*, muestra cómo poner en práctica lo aprendido en los capítulos anteriores ofreciendo estudios de casos.

Aprender quiromancia

El objetivo de esta guía es animar a los lectores a experimentar y disfrutar aprendiendo a desarrollar su habilidad para leer la mano. La quiromancia actual combina los métodos científicos modernos con la sabiduría antigua, y con esta guía los lectores podrán emplear este conocimiento para adquirir una percepción nueva y fascinante de los rasgos de la personalidad y de las experiencias en la vida tanto suyas como de otras personas.

Aprender los fundamentos
La primera parte le introduce en la forma y las líneas de la mano.

Imaginación

LÍNEA DE LA CABEZA

Talento

Las líneas

Con la ayuda de colores le será más fácil distinguir e interpretar los significados de las líneas principales y secundarias de la mano.

Los dedos

Colocación

Detalles

Tras las secciones en color ofrecemos información sobre todos los aspectos de la lectura de manos.

Tamaño de la mano y arcos

Zonas de sensibilidad

¿QUÉ PROFESIÓN?

El mundo del espectáculo

Construcción

Fuerzas armadas

Farmacéuticos

Maestros

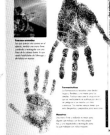

Casos reales

Utilizando estos ejemplos de toma de huellas pondrá en práctica todo lo aprendido e incluso podrá predecir el futuro.

Introducción

Un arte antiguo
*Impreso antiguo de una mano
con inscripciones en latín.*

Nadie puede decir con exactitud dónde se originó la quiromancia. Es posible que provenga del misterioso Oriente, probablemente de la India, o quizás tenga sus orígenes en alguno de los lugares donde se practicó desde muy temprano: en la China antigua, Corea y Japón.

Muchas de las ilustraciones y escritos más antiguos de la quiromancia tienen su origen en la India y al parecer preceden a todo lo que sabemos al respecto.

La quiromancia existe en el Medio Oriente desde hace 5.000 años, pero no llegó al mundo occidental hasta mucho más tarde.

En Europa occidental y, sobre todo, en Gran Bretaña, hay grabados y manuscritos excepcionales difíciles de datar. Antiguamente la quiromancia era una superstición y, como no había reglas por escrito, no se creó ningún método o sistema que pudiera pasar de unas personas a otras. De todos modos, en esa época, casi nadie sabía ni leer ni escribir.

Los manuscritos ingleses tempranos son imprecisos, no por falta de conocimientos, sino por no poder definirlos por escrito. En la Bretaña de 1066, el idioma escrito oficial era el inglés antiguo, que difería desde el punto de vista dialéctico debido a la división del país en múltiples reinados.

Lo que sabemos de la lectura de manos proviene de lo que se transmitió de forma oral y probablemente en secreto, ya que la Iglesia no lo aprobaba.

El primer impreso

La obra sobre quiromancia más antigua
en inglés es un manuscrito llamado
Digby Roll IV, de aprox. 1440, que
consta de algunas tiras de papel de
vitela cosidas al estilo de la época con
una longitud de unos 220 cm y un
ancho de unos 20 cm, donde también
se encuentran ilustraciones sencillas.

Los primeros adivinadores sólo
utilizarían las líneas para leer las manos
de las personas. La quironomía no se
desarrolló hasta mediados del siglo XIX,
y ésto se lo debemos a dos franceses:
Casimir D'Arpentigny, quien publicó *La
Science de la Main* en 1865, un
trabajo completo sobre la forma de las
manos, y Adrien Desbarrolles, quien
publicó *Les Mystères de la Main* en
1859, obra centrada fundamentalmen-
te en el estudio de las líneas de las
manos. La dermatoglifia también tiene
sus raíces en el siglo XIX y evolucionó
gracias a Francis Galton, quien desarrolló con paciencia el sistema de toma
de huellas empleado hoy en día como
parte de la identificación criminalística.

LEER LA MANO
COMPRENDER LAS MANOS

La quiromancia ha conseguido permanecer como interés a lo largo de los siglos a pesar de la oposición de la Iglesia. Como bien se sabe, existen algunos magníficos documentos antiguos ocultos al público en las bibliotecas del Vaticano. ❧ Durante la oscura Edad media, la Iglesia luchó no sólo por conseguir la supremacía religiosa, sino también el poder político, y censuró la práctica de la astrología y la quiromancia. No obstante, se tuvo que retractar respecto a la astrología, ya que casi todos los médicos consultaban esta fuente de conocimiento antes de tratar a sus pacientes. ❧ Hoy en día, el análisis de la mano podría ser parte de la rutina del diagnóstico inicial de un médico.

Los fundamentos

El estudio de la mano se divide en tres ramas distintas: la "quironomía", que estudia la forma de la mano; la "quiromancia", que estudia las líneas y otras marcas en la palma de la mano; y la "dermatoglifia", que estudia los patrones de los dedos y la palma de la mano.

La quiromancia

Estudia las líneas de la mano sin establecer una relación con el resto de los rasgos de la palma de la mano. Cualquier línea, especialmente las poco marcadas pueden cambiar con facilidad cuando la persona experimenta un incidente emocional serio.

Cuando ocurre algo así, la naturaleza emocional no sólo marca la psique, sino también las manos. Las líneas pequeñas pueden aparecer y desaparecer según la importancia que el corazón y la mente le ofrezcan a ese asunto en el momento en el que ocurre o una vez finalizado el proceso del mismo. La quiromancia es el arte adivinatorio original.

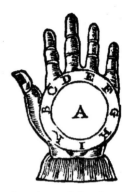

Los orígenes de la quiromancia
El frontispicio de la fisionomía y la quiromancia, uno de los primeros libros publicados sobre quiromancia.

La quironomía

Estudia la forma de la mano y se conoce bajo ese nombre desde el siglo XIX. Esta parte de la disciplina se dedica al estudio del tamaño y forma de la palma de la mano y de los dedos: su longitud, formaciones en la punta y flexibilidad. A esto se le añade el estudio de las uñas y la manera en la que la mano se emplea a la hora de hacer gestos.

La dermatoglifia

Se dedica al estudio específico de las
huellas dactilares y de los patrones de la
piel en la palma de la mano. Estas
marcas no se pueden destruir ni eliminar,
pero un accidente las podría alterar.
Ningún criminal ha logrado nunca
destruirlas o mutilarlas para esconderlas.
Hay dos clases de patrones en la mano:
el abierto o grueso y el cerrado o fino.

Hay cinco clases de patrones en la
piel: arqueado, muy arqueado, com-
puesto, curvado y espiral. A éstos se les
puede añadir otras variaciones que
aparecen ocasionalmente. Cada uno
de estos patrones tiene un significado
propio según las cicunstancias de su
aparición y el lugar donde se formen.

La gesticulación

La gesticulación es parte del análisis de
las manos desde hace poco. Normalmente no se aprecian cuánta información
un individuo transmite a través de su
lenguaje de signos, ni lo mucho que
pequeños movimientos pueden significar
en la comunicación.

La forma

Para clasificar la forma de la mano use la superficie de la palma, de la muñeca hasta la base de los dedos.

LA FORMA DE LA MANO

Hay dos formas básicas: la cuadrada o útil y la redonda o cónica; y de ellas derivan otras cinco clases. Se debe examinar ambas manos con detenimiento. Tanto en personas diestras como zurdas, la mano izquierda refleja los rasgos de la personalidad y del carácter, mientras que la derecha muestra la evolución de estas tendencias.

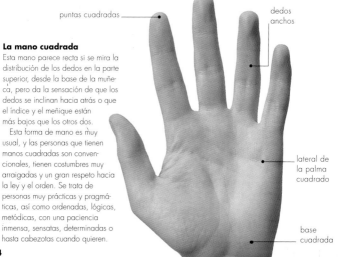

puntas cuadradas

dedos anchos

lateral de la palma cuadrado

base cuadrada

La mano cuadrada

Esta mano parece recta si se mira la distribución de los dedos en la parte superior, desde la base de la muñeca, pero da la sensación de que los dedos se inclinan hacia atrás o que el índice y el meñique están más bajos que los otros dos.

Esta forma de mano es muy usual, y las personas que tienen manos cuadradas son convencionales, tienen costumbres muy arraigadas y un gran respeto hacia la ley y el orden. Se trata de personas muy prácticas y pragmáticas, así como ordenadas, lógicas, metódicas, con una paciencia inmensa, sensatas, determinadas o hasta cabezotas cuando quieren.

Mano filosófica

Dedos largos y huesudos y palma rectangular o cuadrada. Sus dueños son pensadores y comprensivos.

Mano psíquica

Dedos delgados, puntiagudos y delicados, ejemplo extremo de la mano cónica. Las manos psíquicas suelen tener una palma larga.

Mano mixta

La mano mixta puede tener toda clase de formas de los dedos y de la palma. Si no puede clasificar lo que ve, se trata de una mano mixta.

Mano espatulada

Puntas abultadas definen esta variación de la mano cuadrada. La palma se ensancha en la base de la mano o en los dedos.

Mano elemental

Dedos cortos y gruesos. La mano parece pequeña y tosca con una palma gruesa y pesada. Indica una forma de pensar limitada.

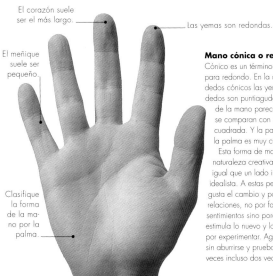

El corazón suele ser el más largo.

Las yemas son redondas.

El meñique suele ser pequeño.

Clasifique la forma de la mano por la palma.

Mano cónica o redonda

Cónico es un término muy antiguo para redondo. En la mano y los dedos cónicos las yemas de los dedos son puntiagudos. Los bordes de la mano parecen suaves si se comparan con una mano cuadrada. Y la parte exterior de la palma es muy curvada.

Esta forma de mano indica una naturaleza creativa y artística al igual que un lado impulsivo e idealista. A estas personas les gusta el cambio y pondrán fin a relaciones, no por falta de sentimientos sino porque les estimula lo nuevo y lo que queda por experimentar. Aguantan poco sin aburrirse y prueban todo, a veces incluso dos veces.

El tamaño de la mano

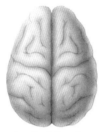

El poder del cerebro
*La mano que más se usa está dirigida
por los hemisferios del cerebro.*

Es importante recordar que el tamaño de la mano está relacionado con la constitución de la persona. En ramas concretas de la industria, se encuentra una mayoría de una u otra clase. Se ven personas con manos grandes que se dedican al comercio de joyas, mientras que las que tienen las manos pequeñas suelen tener profesiones prácticas y creativas tales como vendedores o publicistas.

Las manos grandes

Las personas con manos grandes suelen ser consideradas superficiales. Las manos grandes indican que la persona malgasta su talento en detalles sin importancia en vez de tratar un tema en su conjunto, y a su vez, reflejan una mente analítica.

Las manos pequeñas

Las manos pequeñas indican personas que captan el tema inmediatamente, pero que a su vez carecen de la apreciación de los detalles necesarios para analizar y distinguir las facetas del problema. Para éstas personas cuenta o todo o nada. Las manos pequeñas con palmas largas y dedos cortos indican que los detalles se olvidan con facilidad. Los recuerdos permanecen intactos muy poco tiempo a menos que signifiquen mucho para la persona.

¿Diestro o zurdo?

Ser diestro está relacionado con el desarrollo de la inteligencia humana. El hemisferio del cerebro que más se usa es el izquierdo y guarda correlación con la mano derecha. En las personas zurdas ésto ocurre al revés, aunque su hemisferio izquierdo seguramente estaé más desarrollado. Los zurdos tienen que vivir en un mundo en gran parte para diestros, y por ello suelen tener unos niveles de consciencia y percepción muy altos. Se vuelven impacientes con las explicaciones interminables que necesitan algunos, ya que ellos entienden lo básico muy rápidamente. Por eso están ansiosos por marcharse y comenzar sus proyectos cuanto antes.

A menudo hay personas que envidian las habilidades de los zurdos y éstos a su vez pueden encontrar dificultades para ser aceptados.

Independientemente de si una persona es zurda o diestra, las manos grandes indican necesidad de detalles sobre cualquier proyecto nuevo antes de empezar. Las manos pequeñas prefieren permanecer en segundo plano y no suelen buscar reconocimiento.

Los elementos

La forma de la mano se puede determinar usando el principio de los cuatro elementos: tierra, aire, agua y fuego (ver pág. 22–29).

¿Largos o cortos?
Los dedos largos indican detalle, los cortos visión de conjunto.

EL DORSO DE LA MANO
Un vistazo rápido al dorso de la mano ofrece mucha información, sobre todo cuando viaja tendrá muchos conejillos de Indias. En este contexto muchas personas suelen estar relajadas y tienden a hacer muchos gestos inconscientes. Fíjese, por ejemplo, en cómo sujetan un bolígrafo, o en si llevan un anillo y, si es así, mire en qué dedo lo llevan. Compruebe en qué muñeca llevan puesto el reloj u otras joyas, y si son de oro o plata.

La mano cuadrada

Estas personas tienden a vestirse muy clásico, incluso cuando la mayoría de la gente se viste informal.

Fíjese en el color de las manos. A aquellos con las manos cuadradas y rojizas les gusta tener buena salud y salir al aire libre. Las manos azuladas implican problemas de circulación, y aquellas con un matiz amarillento indican posibles problemas de hígado o riñones.

Es muy raro ver manos cuadradas y blancas como las de un muerto, que sugieren una extrema apatía social. Estas personas apenas salen, ni visitan a amigos o vecinos. Suelen ser buenas, pero no estimulan las relaciones íntimas.

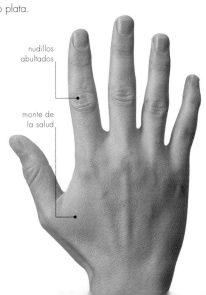

nudillos abultados

monte de la salud

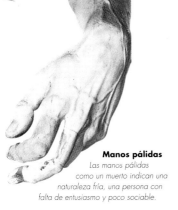

Manos pálidas

Las manos pálidas como un muerto indican una naturaleza fría, una persona con falta de entusiasmo y poco sociable.

Vello fino

Un vello fino revela una persona de naturaleza gentil y de constitución no muy fuerte, mientras que el grueso indica un bienestar físico.

La mano cónica

Las personas con las manos redondas se visten como quieren sin preocuparse siempre de su aspecto. Se preocupan por cómo se sienten con lo que llevan y no de las convenciones.

Normalmente las manos cónicas son rosadas y sugieren que la persona está equilibrada, es extrovertida y tiene mucha energía. No les gusta abarcar demasiado, les gustan mucho los actos sociales de cualquier clase y son muy sensibles a nivel emocional. Las manos cónicas blancas indican anemia o una temperatura corporal baja debido al cansancio físico.

Los que tienen manos cónicas tienden a hablar mucho sin decir nada cuando están cansados. Las conversaciones superficiales son su secreto para alargar un evento y hacer que todos se lo pasen bien.

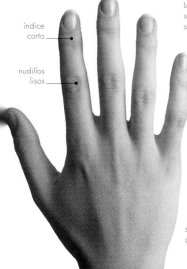

índice corto

nudillos lisos

El dorso de la mano

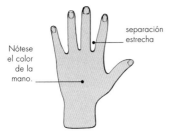

Nótese el color de la mano.

separación estrecha

El otro lado
El dorso de la mano da tantas pistas como la palma.

A menudo la primera oportunidad de observar las manos de alguien en detalle es adelantarse y mirarle el dorso de las manos. Merece la pena realizar tal valoración debido a la sorprendente información que se puede extraer.

Por ejemplo, la gente con dedos cortos o manos pequeñas quieren respuestas cortas y precisas, y no explicaciones largas y detalladas; mientras que los de manos grandes necesitan más detalles, ya que tienen que analizar todas las posibilidades antes de tomar una decisión.

Longitud y textura

Las manos largas y estrechas pertenecen a gente que se toma tiempo para pensarlo todo antes de comprometerse. Si las falanges son abultadas, la capacidad de detalle es enorme.

Si las manos son anchas, la persona no se molestará por una tontería. Este tipo de gente es materialistas y le gusta la vida en la calle. Si la piel está curtida o tiene una textura áspera refleja que se sentirá atraído por todo tipo de actividad al aire libre. También puede ser signo de un tipo duro que prefiere trabajar a la intemperie, sobre todo si la mano es cuadrada.

Las manos estrechas y pálidas, de una textura suave indican el gusto por no salir mucho. Si las manos están ligeramente morenas, es signo de vagancia, ya que puede haber estado tumbado tomando el sol.

Si en la punta de los dedos la carne sobresale de la uña, la persona tiene un temperamento explosivo e irreflexivo. En general, la gente de uñas largas tienen una actitud equilibrada y expansiva respecto a la vida, mientras que los de uñas cortas muestran un enfoque de la vida más crítico y restringido.

Diferencias

Las diferencias evidentes entre las dos manos normalmente se deben a accidentes o enfermedades, y una vez vistas, ya no se olvidan. En otros tiempos este podría ser el caso de alguien que ha tenido que luchar para mantener un equilibrio en las relaciones familiares, donde los padres tienen personalidades distintas. Cuando las manos son parecidas la naturaleza interior de la persona está equilibrada.

Tales personas no realizarán grandes cambios en el modo en que llevan sus vidas; y normalmente, se presentan de la misma manera a todos sin excepción.

El vello de la mano

El vello de la mano siempre ha sido un signo de buena salud, pero no necesariamente de fuerza física, una creencia antigua desmentida.

Arte noble
*Un caballero explica a
su dama los misterios
de la quiromancia.*

LOS CUATRO ELEMENTOS
En los últimos 30 años se ha desarrollado un sistema para evaluar la forma de las manos a través de los cuatro elementos: el fuego, la tierra, el aire y el agua. Con tan sólo cuatro categorías, resulta muy fácil la definición. Los dedos se consideran largos, cuando el dedo corazón es tan largo o un poco más que la palma de la mano, desde el dedo hasta la base; y cortos, cuando el dedo corazón es más corto que esta distancia.

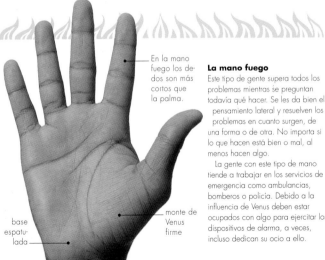

En la mano fuego los dedos son más cortos que la palma.

base espatulada

monte de Venus firme

La mano fuego

Este tipo de gente supera todos los problemas mientras se preguntan todavía qué hacer. Se les da bien el pensamiento lateral y resuelven los problemas en cuanto surgen, de una forma o de otra. No importa si lo que hacen está bien o mal, al menos hacen algo.

La gente con este tipo de mano tiende a trabajar en los servicios de emergencia como ambulancias, bomberos o policía. Debido a la influencia de Venus deben estar ocupados con algo para ejercitar los dispositivos de alarma, a veces, incluso dedican su ocio a ello.

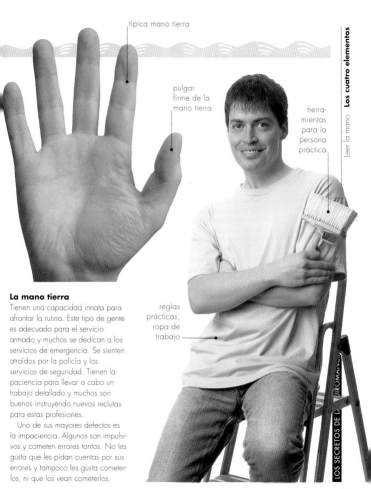

típica mano tierra

pulgar firme de la mano tierra

herra-mientas para la persona práctica

reglas prácticas; ropa de trabajo

La mano tierra

Tienen una capacidad innata para afrontar la rutina. Este tipo de gente es adecuado para el servicio armado y muchos se dedican a los servicios de emergencia. Se sienten atraídos por la policía y los servicios de seguridad. Tienen la paciencia para llevar a cabo un trabajo detallado y muchos son buenos instruyendo nuevos reclutas para estas profesiones.

Uno de sus mayores defectos es la impaciencia. Algunos son impulsivos y cometen errores tontos. No les gusta que les pidan cuentas por sus errores y tampoco les gusta cometerlos, ni que los vean cometerlos.

Las manos fuego y tierra

La mano fuego

Esta mano es de palma rectangular y dedos más cortos. En la mayoría de los casos, los dedos son un poco más anchos en las puntas. Esta forma implica una naturaleza extrovertida, ya que esta gente suele ser lista e inteligente y tiene talento de liderazgo, siempre dispuestos a hacerse cargo cuando otros fallan.

Debido a que también son muy vivos de mente, tienen éxito al organizar a los demás y al hacer que se hagan las cosas. Manejar a las personas es su segundo rasgo, inspiran y motivan a otros con el celo que les caracteriza.

Los que tienen el símbolo del fuego son de naturaleza vaga y muchos tienen un sentido autodestructivo innato. No aprovechan todas sus reservas naturales y suelen enfadarse con facilidad.

Necesitan un segundo que se encargue de las tareas rutinarias básicas y de solucionar los problemas antes que sea demasiado tarde, reconocen que los ayudantes son imprescindibles en tales ocasiones.

Extremados
Las manos fuego se sienten atraídas por cualquier deporte que estimule mente y cuerpo

La gente de manos fuego es apropiada para trabajos que los mantengan ocupados o que estén llenos de cambios y variedad. La venta es ideal para ellos, sobre todo, cuando deben presentar el producto.

Les atrae el deporte y el mundo del ocio, ya que estas son salidas naturales de estos exhibicionistas, pero corren el riesgo de cansarse muy pronto de ellas. Debido a su afán por el cambio y la variedad, la política también podría ser su campo.

La mano tierra

La gente de palma cuadrada y dedos
cortos tienen los pies en la tierra y son
fiables y convencionales. Cuando mejor
se encuentran es cuando siguen la ley y
el orden y no moverán un dedo por
cualquier tontería. La disciplina personal
es un deber, y presentan un aire
autoritario y tranquilo en todo momento.

De tradiciones muy arraigadas, no
romperán las reglas ni las modificarán
para conseguir sus objetivos. Siempre
son limpios y ordenados, con sitio para
todo y cada cosa en su sitio. Se les da
bien las actividades al aire libre, como
la jardinería, la ganadería, la
agricultura y la construcción.

Cuando hay una curva clara o un
bulto en el borde de la mano es signo
de capacidades e inclinaciones
creativas. Este tipo de gente suele
poseer una destreza manual enorme.

Pequeños arrebatos

Las manos tierra pueden hacerle sentir al otro
muy pequeño cuando se descargan con él:
¡que Dios le pille confesado si hace un error!

Mentes creativas
Dedos largos, finos y huesudos son signos de creatividad de la mano aire.

MANOS AIRE Y AGUA La gente que tiene manos agua no siempre son capaces de mantener los pies en la tierra como los de las manos fuego o tierra. Las personas de aire suelen estar en las nubes, mientras que las de agua gozan de una gran imaginación. La creatividad de la mente de ambos les suele apartar de la realidad.

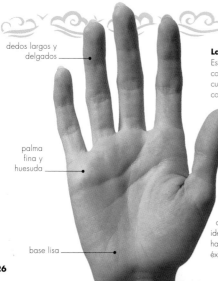

dedos largos y delgados

palma fina y huesuda

base lisa

La mano aire

Este grupo suele preferir estar en constante estimulación intelectual, a cualquier nivel o según lo que más les convenga, para que su humor pueda fluir libremente. Las compañías son muy importantes para ellos, les gusta estar seguros de que sus amigos se mueven en un nivel similar.

La comunicación también es importante, debe ser la adecuada y favorecer el tema que se trata. Si están de buen humor, saben contar chistes, pero si el tono es serio, suelen hacer un comentario adecuado. Suelen tener muy buenas ideas y son capaces de convencer y hasta engatusar para garantizar el éxito de sus proyectos preferidos.

Compatibilidad

Las personas de fuego, tierra, aire y agua, no siempre son tan compatibles como aquí.

Los de manos agua son emocionalmente vulnerables.

curva del corazón bien pronunciada

palmas largas y rectangulares

La mano agua

Lo que mejor se les da a la gente de manos agua son las labores sociales, ya que siempre están dispuestos a escuchar a aquellos que necesiten expresarse como parte de su terapia o que necesiten a alguien que les escuche o les cuide constantemente.

Suelen trabajar en casa, en la industria de la belleza o en artes creativas, que les permitan dar rienda suelta a sus emociones. Unos pocos se convierten en buenos escritores que son capaces de escribir a todas horas ficciones románticas, cuando no tienen un plazo que cumplir.

Manos aire y agua

Habilidades comunicativas
Un empleo típico de la gente de manos agua o aire podría ser el de telefonista o recepcionista.

La mano aire

La típica mano aire tiene una palma cuadrada de dedos más largos que ésta y suele ser flexible y ágil. Es gente muy equilibrada y de fiar, así como muy creativa y que busca variedad en todo lo que hace. Se sienten en su medio cuando están ocupados.

La gente aire suele estar muy integrada socialmente y se crece en compañía. Sin embargo, aunque son muy populares, en las relaciones emocionales pueden parecer más bien controlados, casi como si tuvieran miedo de perder el control.

Les suele resultar difícil expresar sus sentimientos y no suelen tener ningún tipo de comportamiento impulsivo.

Aunque parece que aprenden de sus experiencias, son incapaces de afrontar relaciones y asuntos cara a cara. Así, sus vidas privadas son muy variables y, al pasar demasiado tiempo controlando sus respuestas, suelen tener problemas por el exceso de lógica.

Se suelen crecer en el campo de las comunicaciones. Se les dan muy bien los idiomas y la comprensión de nuevas tecnologías, como ordenadores o internet, y participarán en todo lo que tenga que ver con la comunicación.

La industria del entretenimiento está a salvo con la gente de manos aire, ya que tienen mentes mercurianas y actitud imperturbable. Muchos actores con este tipo de mano suelen buscar el trabajo detrás de las cámaras y, a menudo, se convierten en directores y en productores, ya que pueden convertir con facilidad las desventajas en ventajas. Asimismo, saben cómo hacer y ahorrar dinero.

La mano agua

Las palmas alargadas y rectangulares
de dedos largos y elegantes tipifican la
naturaleza cálida de este tipo. De
hecho, es gente que es más emocional
de lo que le conviene, su humor puede
variar tanto que es difícil saber cuál será
su siguiente acto o reacción.

Las circunstancias tienen que ser las
adecuadas para poder sacar lo mejor
de los agua. Son fluidos, variables e
impresionables y a menudo poco
fiables, debido a que actúan guiados
por su corazón más que por su mente.

Tienen que aprender a mantener los
pies firmes sobre la tierra. Al empezar
una relación, algo frecuente en sus
vidas, se trasladan a un mundo de
creación propia. Se suelen enamorar
del amor, no de la persona.

Tipos sensibles

La gente de manos agua o manos sensibles,
son individuos vulnerables, que no soportan las
presiones de la vida actual.

LOS DEDOS

La forma y el desarrollo de los dedos individual y colectivamente están relacionados con el aspecto instintivo de la personalidad y el carácter, mientras que la palma representa el lado práctico de la naturaleza. Hay que analizarlos en todos los sentidos y comparar los dedos de las dos manos. Es importante descubrir la relación, no sólo con otros dedos, sino también con otras partes de la mano. Los tipos de manos se clasifican de manera distinta, lo que se tratará más adelante.

Júpiter

Júpiter se asocia con la sabiduría y el aprendizaje, y se asigna al dedo índice.

Saturno

Relacionado con el equilibrio, la restricción y la cautela, Saturno se asigna al dedo corazón.

Apolo

Apolo simboliza la creatividad y las ansias de vivir. Se le asigna el dedo anular.

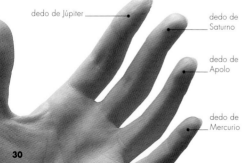

dedo de Júpiter

dedo de Saturno

dedo de Apolo

dedo de Mercurio

Mercurio

Mercurio, mensajero de los dioses, se asignó al meñique, ya que es signo de la gesticulación.

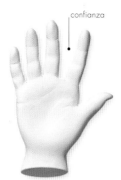

confianza

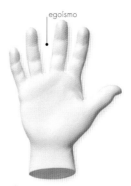

egoísmo

El índice y el corazón

Un gran espacio entre el dedo índice y el corazón es signo de autoconfianza e independencia, así como de la capacidad de liderazgo.

El corazón y el anular

Una gran separación entre el corazón y el anular muestra una naturaleza llena de recursos y egoísmo, que puede no pensar siempre en los demás al tomar decisiones.

espíritu libre

individualidad

El anular y el meñique

Una gran separación entre el anular y el meñique indica un espíritu libre que necesita sentirse libre como el viento. No les gusta perder el tiempo ni la energía.

Todos los dedos

Una gran separación entre todos los dedos de la mano es signo de una persona extrovertida. En esta gente prima la individualidad y la libertad de pensamiento.

Longitud y forma

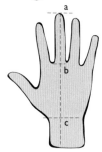

La longitud de los dedos
*Mida el dedo corazón en relación
con la longitud de la palma.*

Para establecer si los dedos son
largos o cortos, se mide el dedo
corazón desde la punta (a) hasta
la base, donde se une con la palma de
la mano (b). Después, se mide desde
este punto hasta la base de la palma,
donde terminan los patrones (c).

Si el dedo corazón es más corto que
la palma de la mano, se dice que los
dedos son cortos; mientras que cuando
el corazón es más largo, se consideran
largos. Es raro que el dedo corazón
sea más corto que los otros, pero
cuando es así, se ha de utilizar el dedo
más largo como referencia.

Dedos finos

Cuando los dedos son finos, es decir,
sin nudillos o falanges abultadas, la
persona suele ser perceptiva, versátil e
intuitiva. Pero si los dedos son cortos,
suele ser muy impulsiva.

La gente de dedos largos y finos
prospera en trabajos de detalle que
requieren un gran cuidado y se para en
el momento apropiado para repasar lo
realizado.

Dedos nudosos

Los dedos de falanges o nudillos
abultados son signo de la fluidez de
información interna. Si cada falange
está abultada, la naturaleza de la
persona suele ser crítica.

Si, por el contrario, es la articulación
superior la que está abultada, se trata
de personas difíciles de complacer, que
ponen el parche antes de tener la
herida. Cuando, en vez de la
articulación superior, es la inferior la
que está abultada, la persona es
pragmática y metódica.

Los nudillos

Cuando todos los nudillos son uniformes, las personas suelen ir limpias y bien vestidas, se pongan lo que se pongan. Puede que hagan régimen, deporte y sean autodisciplinados. Mientras que de no ser así, tienen una buena presencia que es sólo superficial. Sus casas pueden parecer limpias y ordenadas, pero si se abre un armario o se sacude un cojín, se les descubre.

Se debe analizar cada dedo falange por falange para ver si están abultadas. Compare los dedos unos con otros para observar su disparidad.

Después de esto, compare los dedos de cada mano con los de la otra mano. Siempre suele haber pequeñas diferencias que ayudan a reconocer las rarezas de la personalidad, que no siempre son evidentes a primera vista.

El pulgar

Para obtener información de cómo interpretar el significado de la longitud y la forma del pulgar, ver las pág. 38–41.

Flexibilidad
Los dedos flexibles
indican una mente
flexible, buen carácter,
deseo de agradar.
Tienen la capacidad de
recibir información nueva
y actuar acorde con ella.

FLEXIBILIDAD Y TIPOS DE UÑAS La

flexibilidad de la mano refleja el carácter de la persona: una mano flexible
indica una mente flexible, mientras que una rígida refleja una persona tozuda
e incansable. Una mano abierta indica una mente abierta, mientras que una
cerrada sugiere estrechez de mente y la tendencia a ser crítico. También es
importante observar las uñas de las personas cuando se lee la mano, lo que
proporcionará pistas vitales sobre su salud y estilo de vida.

seguir a los demás, antes que
ser un líder.

Un espacio estrecho entre el
corazón y el anular muestra
que la persona piensa en el
futuro inmediato y lejano.

Cuando hay una separación
estrecha entre el anular y el
meñique, se depende mucho
de los demás, ya que esta
gente cree que la seguridad
reside en los números.

Si los espacios entre los
dedos son estrechos, la
naturaleza de la persona es
cerrada, subjetiva y muy
dependiente de lo que
piensen los demás. En este
caso, no habrá tanta
iniciativa.

Separación estrecha
La separación entre los dedos
puede ser estrecha o ancha.
Cuando es estrecha entre el
índice y el corazón, el individuo
prefiere seguir la corriente; ya
que le falta confianza y prefiere

Inflexibilidad
Los dedos rígidos representan
una naturaleza también rígida e
incansable. Este tipo suele
tender a ser conservador y
convencional.

Uña almendrada
Este tipo refleja una personalidad y carácter equilibrado y refinado y son amigos leales, honestos y fiables.

Forma de concha
Esta uña indica una salud deficiente y muy sensible junto con la mala salud que provoca un shock en el sistema.

Uña en garra
Este tipo de uña suele mostrar que la persona se preocupa por las dietas, lo que afecta a su estado de salud.

Uña cuadrada
La uña pequeña y cuadrada suele indicar una naturaleza básicamente crítica, falta de calidez y profundidad de sentimientos.

Uña saludable
Las uñas son un buen indicador de la salud de la persona y su estilo de vida. Obsérvelas con regularidad para apreciar sus cambios.

Uña roja
Las uñas de tono rosado indican una persona de temperamento ardiente.

Observe las ondulaciones.

Fíjese en el color de las uñas.

Observe si hay manchas blancas.

Las lunetas deberían estar visibles.

La forma de la uña
Hay cuatro clases principales de uñas, pero en la práctica pueden haber unas diez.

Los dedos

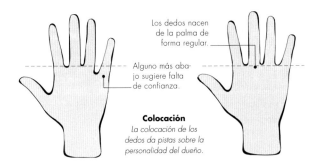

Los dedos nacen de la palma de forma regular.

Alguno más abajo sugiere falta de confianza.

Colocación
La colocación de los dedos da pistas sobre la personalidad del dueño.

Se suele observar la colocación de los dedos en los extremos de las manos. Hay cuatro tipos, que se comparan con los arcos arquitectónicos. El más común es la colocación al estilo normando, con el punto central en el dedo corazón: el índice y el meñique tienen un nacimiento inferior que los otros, y cuando es muy bajo forman un arco perpendicular.

Si el nacimiento del índice es muy bajo, indica falta de confianza; cuanto más bajo nazca, menos brío tendrá la personalidad. Si se trata del meñique, indica complejo de inferioridad; en todo caso muestra algo de falta de confianza.

A veces están colocados de forma uniforme a lo largo de la parte superior de la palma formando un arco tudor, lo que indica una personalidad razonable y equilibrada, alguien que toma la vida como es y confía en sí mismo.

En el último tipo, los dedos descienden del nacimiento alto del índice al meñique, lo que indica pérdida de autoconfianza, van aparentando algo que no son hasta que se les descubre.

Al analizar la colocación de los dedos hay que tener en cuenta la apariencia general de la mano. Una mano grande, abierta, muy espaciada y con los dedos colocados regularmente, indica una naturaleza segura, siempre abierta a sugerencias y al razonamiento y un gran sentido de cooperación.

Tamaño de la mano y arcos

Una mano grande de arco normando indica una actitud moderada, alguien que no se mostrará inestable a menos que tenga miedo. La mano pequeña acentúa esta actitud, aunque, a veces, puede ser signo de timidez. La gente con un arco perpendicular y manos grandes utilizan su tamaño para mostrarse más seguros de lo que son; y los de manos pequeñas tendrán que aparentar que poseen el control de su vida. El arco tudor es signo de seguridad y, si la mano es rígida, puede ser también de tozudez, independientemente de su tamaño. La mano en la que los dedos descienden del índice al meñique es signo de falta de confianza, sin que importe el tamaño o la flexibilidad.

Zonas de sensibilidad

Son elevaciones carnosas en la parte interior de las primeras falanges de la mano que muestran un gran sentido del tacto y emociones extremas.

EL PULGAR

Siempre se ha considerado el pulgar la parte más importante del análisis, y durante siglos se le ha utilizado como seña de identidad y como la mayor pista para desvelar el carácter. No suele ser normal encontrarse dos pulgares iguales en una misma persona, ya que siempre hay pequeñas diferencias que se han de tener en cuenta, sobre todo si hay una gran disparidad entre las manos.

Comparación de los pulgares

Si el pulgar izquierdo es fuerte y el derecho parece mucho más débil, siempre habrá problemas con la iniciativa o el poder de sacar las cosas adelante. Dos pulgares fuertes sugieren un carácter difícil o tozudo, mientras que dos débiles, indican una persona vacilante y variable.

El pulgar está dividido en tres partes: la falange superior, que se relaciona con la voluntad; la media, con la razón; y el monte de Venus o la elevación carnosa bajo el pulgar. Aquí es donde se encuentran las emociones y por eso debe parecer lleno, como si estuviera rebosante de energía.

1 La falange superior mide la fuerza de voluntad e indica los niveles de energía y de poder de decisión.

2 La falange media muestra cómo el individuo razona antes de decidir el camino a seguir.

3 El monte de Venus al tocarlo debe notarse bien desarrollado, terso y elástico. Esta falange representa las emociones y la energía física relacionada a ellas. Por eso, cuanto más desarrollado esté, más energía tiene el individuo para afrontar sus retos.

Pulgar espatulado

Los pulgares espatulados son un signo de fortaleza, una persona práctica que siempre resuelve sus asuntos. Sin embargo, está siempre dispuesta a saciar la atracción del momento y dejará a un lado lo que esté haciendo por algo novedoso.

El pulgar de raedera acaba en punta y se ve mejor de lado; denota un gran poder de persuasión.

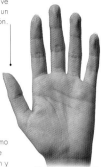

Pulgar acabado en punta

Un pulgar así indica idealismo e inteligencia a la hora de elegir un camino, persuasión y una capacidad innata para aprovecharse de la debilidad de los demás y tomar ventaja. Si la punta es suave, la naturaleza de la persona tiende a ser más sumisa.

Nacimiento bajo

Cuanto más bajo nazca el pulgar, más inspirada será la persona. Si el ángulo es ancho, será aventurera, y si es estrecho, convencional.

Nacimiento alto

El pulgar de nacimiento alto, lejos de la muñeca, sugiere una buena tendencia creativa e instintiva claramente definida.

Pulgar cuadrado

Una punta cuadrada sugiere una persona realista y trabajadora, que también predica con su ejemplo. Estas personas suelen jugar limpio y ser justas, y pueden parecer duras y frías cuando están en una posición de más responsabilidad.

Pulgar cónico

Las personas de pulgar cónico o redondo siguen los estímulos externos y se distraen con facilidad. Aunque suelen ser rápidos de pensamiento y sensibles, no son tan comprometidos como parecen a primera vista.

Pulgar bulboso

La persona con un pulgar así, el antiguo "pulgar de asesino", tiene una tendencia física muy fuerte respecto a la vida, con grandes ambiciones. La expresión, "la resistencia es inútil", es muy apropiada, ya que suele ser de sangre caliente.

Longitud y ángulo

ángulo
medio
entre 45°
y 90°

Ángulo
*Un ángulo estrecho indica cautela,
un ángulo amplio, generosidad.*

La longitud del pulgar debería ser parecida a la del meñique o, si se pone junto al índice, llegar a la mitad de la tercera falange distancia. Relajado y abierto de manera natural, el ángulo que forma con el índice debería variar entre 45° y 90°.

Cuanto más estrecho sea el ángulo, más cerrada y llena de prejuicios es la mente y más limitada su naturaleza. Un ángulo mayor de 90° muestra resolución y capacidad de liderazgo. Cuando el pulgar se alinea con los dedos, de tal manera que casi se ve

toda la uña, la naturaleza es espontánea y entusiasta. Pero cuando se opone a los dedos o forma un ángulo recto es signo de un gran autocontrol. Es difícil llegar a intimar con este tipo de gente.

Longitud de las falanges

Un pulgar largo, pero bien proporcionado, muestra un buen autocontrol y la capacidad de estar al mando. Si es demasiado largo, será signo de tozudez y determinación.

Cuanto más larga sea la primera falange, más decidido será el caracter y, si es muy larga, es signo de una naturaleza tiránica, mientras que una primera falange corta sugiere una falta de capacidad de liderazgo.

Una falange media corta indica una alta percepción racional; este tipo de gente actúa según su intuición. Si es corta y fina, el dueño se suele dejar manejar, pero sólo en el círculo familiar. Cuanto más larga sea esta falange, más razonará y reflexionará esta gente, antes de tomar la decisión apropiada.

La falange corta, pero gruesa, muestra
falta de tacto y diplomacia, mientras
que una larga y fina indica un cambio
de mentalidad lógica, pero con una
tendencia a perderse en los detalles
más de lo necesario. Los de falange
más ancha en un extremo que en otro,
y lados cóncavos, poseen encanto,
tacto y diplomacia.

Si la bola del pulgar supera a las
otras, el apetito físico será muy grande.
Cuando parece ser muy torpe, la
personalidad tendrá poco entusiasmo.
El pulgar debe parecer que pertenece
a la mano, ni demasiado largo ni
voluminoso, ni débil o inefectivo.

Tradicionalmente el pulgar ha sido
siempre la seña de identidad de la
mano. Si el pulgar parece que no
pertenece a la mano, habrá que
interpretarlo acorde con ello.

Flexibilidad

Un pulgar de punta flexible representa una
naturaleza impulsiva y fluida. Una punta rígida
indica disciplina estricta, sin compromisos.

HUELLA DACTILAR

Todas las palmas, los dedos y sus puntas, tienen una fina cutícula de delgadas aristas y surcos llamados líneas capilares. Estas se dividen en los sistemas de identificación que hoy en día se utilizan en investigaciones criminales. En la quiromancia se asocian con el carácter y la personalidad. Existen esquemas similares en las plantas y en los dedos de los pies. Las marcas se forman en el útero y no cambian. Incluso pueden ser la única forma de identificar un cuerpo mucho después de su muerte.

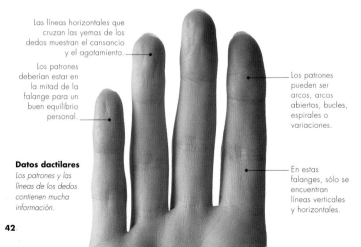

Las líneas horizontales que cruzan las yemas de los dedos muestran el cansancio y el agotamiento.

Los patrones deberían estar en la mitad de la falange para un buen equilibrio personal.

Los patrones pueden ser arcos, arcos abiertos, bucles, espirales o variaciones.

Datos dactilares
Los patrones y las líneas de los dedos contienen mucha información.

En estas falanges, sólo se encuentran líneas verticales y horizontales.

El bucle

El bucle sugiere elasticidad emocional. Esta naturaleza es generalmente flexible y cooperativa.

La espiral

La espiral sugiere un carácter cerrado, alguien que no es muy abierto, normalmente suele ser gente de sangre fría.

El arco abierto

El arco abierto es signo de idealistas natos; muchos de ellos ansían un mundo mejor y no les gusta criticar.

El arco

El arco contiene la esencia de la personalidad tierra. Este tipo de gente es útil, convencional y honesta.

Una imagen aumentada

Utilice una lupa para observar de cerca los patrones de la piel.

La combinación

Puede estar compuesta por cualquier variación de un arco, arco abierto o bucle con espiral.

La variación

Las variaciones pueden apreciarse en uno o dos dedos. Como mejor se interpretan es como combinaciones.

Patrones dactilares

Es vital recordar que se habla de estos patrones en un contexto quirológico y no criminalístico, para las que la clasificación es mucho más compleja. En la quiromancia consideramos los tres patrones básicos: arco, bucle y espiral.

Único
Cada huella tiene un patrón único.

El arco

El patrón del arco tiene forma de puente e indica que la persona es capaz y fiable, alguien en quien se puede confiar y se las arregla bien, sobre todo si las cosas van mal. Estas personas hacen el bien y son amigos y trabajadores de confianza.

El arco abierto

Normalmente tiene forma de un gran bucle que llega hasta la falange. Los arcos abiertos implican entusiasmo por la vida; esta gente son idealistas y reformadores y les encantan los cambios y la novedad. Saben halagar y cuando quieren algo, saben cómo conseguirlo.

El bucle

Hay dos tipos de bucles: ulnar y radial. El ulnar va más allá del borde de la palma, mientras que el radial nace en el lado del pulgar, forma el patrón y vuelve. Su presencia siempre indica flexibilidad y adaptabilidad.

La gente que tiene un bucle ulnar actúa por instinto y necesita saber cuándo empezar. Suelen ser más seguidores que líderes, ya que rinden mucho más bajo presión. La persona de bucle radial es también flexible, pero tiene más carácter que los anteriores. Puede aguantar la presión, es un poco más ambiciosa y puede llegar a liderar.

La espiral

La espiral casi siempre revela una naturaleza inflexible, individualista, que tiene que probar las cosas por sí misma. Su carácter parece frío e inaccesible o puede que le cueste abrirse a los demás. No obstante, en caso de emergencia, se acude a esta gente como primera opción pues sabe cómo organizarse.

No se puede influenciar a nadie que tenga una espiral en el meñique, son demasiado precavidos. Los cotilleos les molestan porque no suelen ser objetivos; son tozudos y decididos y suelen tener buen gusto.

Las variaciones

La espiral básica es una serie de círculos concéntricos. La espiral combinada se crea de la combinación de un bucle y un arco dentro de los círculos exteriores o pueden ser dos iguales o bien un bucle doble o incluso una espiral accidental, conocida como una espiral compuesta. Básicamente, tienen el mismo significado dentro de lo que se considera una espiral.

Variaciones de espirales

Dado que son muy raras considere las variaciones como espirales normales. Busque el patrón dominante pues él determina el conjunto.

HUELLAS DACTILARES

La quiromancia es un estudio muy antiguo para determinar carácter y personalidad, definir los talentos y habilidades y analizar la disposición, la salud y el potencial. Sólo hay una forma de llevar a cabo este trabajo: tomar las huellas de las manos de la persona a la que se quiera analizar. La primera nos sorprenderá la cantidad de detalles que presentan. A simple vista la mano no suele mostrar estos detalles debido a la falta de luz, las marcas débiles o el escaso tiempo del que se dispone. Las huellas dan permiten tomarse el tiempo para analizarlas, investigar y crear un archivo personal.

Obtener huellas

Se necesita un trozo de cristal redondo o cuadrado de 30–35 cm que proporcione una superficie lisa, un rodillo de 10 cm, papel DIN-A4 blanco, un rodillo de madera normal de 5–6 cm de diámetro, un bolígrafo o un lápiz, una regla, una toalla pequeña, una lupa, un compás y un tubo de tinta negra de agua. La tinta especial para huellas, es muy difícil de eliminar. Sin embargo, la tinta de agua desaparecerá de las manos en cuanto se dejen bajo agua fría durante un tiempo, y puede que aún haga falta lavárselas con jabón.

rodillo de tinta

tinta de agua

rodillo

1 Eche 1 cm de tinta sobre el cristal y espárzala con el rodillo hasta eliminar todos los grumos.

mano limpia y sin grasa para pintarla con tinta

Quítese las joyas y el reloj.

hasta la muñeca y los brazaletes

2 Unte el rodillo de madera con la tinta justa, pinte las manos hasta la muñeca y coloque la hoja sobre el rodillo.

3 Coloque la muñeca al principio de la hoja de papel y haga rodar el rodillo hacia sí.

Derecha o izquierda

Siempre que tome huellas, escriba si es la mano derecha o izquierda y, al dorso, escriba los detalles que quiera recordar. Por norma se suele anotar una descripción del dorso de la mano, las uñas, la flexibilidad, los nudillos y otras marcas especiales.

Para realizar un rápido análisis, se pueden usar polvos de talco y frotar las manos. La superficie de la mano quedará marcada con un relieve bastante claro.

4 Al hacer rodar el rodillo, presione lo suficiente para que se marquen tanto el meñique, como el pulgar.

5 Separe siempre la mano del papel, nunca al revés, ya que la huella puede quedar sucia. Se suele secar en breve.

Leer las huellas

La vida en la mano
*Las huellas de las manos registran mucho
más que las líneas.*

La entrevista de quiromancia no siempre es larga, o puede realizarse en varias sesiones. Con el tiempo no se puede recordar todo, por lo que tiene sentido tomar notas; las huellas están siempre ahí como material de referencia. No importa cuántas veces se analicen, siempre se encontrará algo nuevo. En un seguimiento prolongado se aprecia que las huellas tomadas muestran cambios claros. Cada huella es un negativo de la mano, por lo que

las líneas blancas son las líneas de las manos y, si el pulgar está en el lado derecho, se trata de una copia de la mano izquierda y viceversa.

Si la huella tiene buena calidad, se deberían poder leer las huellas dactilares y las líneas capilares de las manos sin la ayuda de una lente de aumento. Sin embargo, si su uso permite una lectura clara, también se podría optar por ello.

Experiencias que marcan

No es muy usual que la mano cambie de forma. Alguna vez, una mano cuadrada se ha suavizado y se ha vuelto más redonda, o al revés, aunque no es frecuente. También se han registrado otros casos similares en el transcurso de muchos años, pero son muy pocos.

No obstante, todas las líneas cambian o pueden cambiar según el tipo de incidente que experimente el dueño. Si es lo suficientemente serio como para marcar su psyque y memoria, también se reflejará en la mano.

Esto demuestra que las huellas de las manos tienen un valor real. Si un quiromántico tiene clientes fijos, les habrá tomado las huellas con regularidad. Al principio sólo se observarán cambios ocasionales; pero, en el caso de un divorcio tormentoso o una muerte trágica, las líneas principales cambiarán. No obstante, lo que puede parecernos sin importancia podría tener un efecto devastador sobre otros. Si pensamos en lo sensibles que somos, nos daremos cuenta de lo sensibles que pueden ser otros en ciertas circunstancias.

Al aconsejar a gente joven sobre su posible futuro profesional, la línea del destino mostrará el éxito o fracaso de este individuo y las excesivas presiones de los padres.

Las huellas del pulgar

Las huellas del pulgar se toman por separado, con el papel en el borde de la mesa. Se coloca la punta del dedo en el borde y se gira en una sola dirección para que no se ensucie.

Creatividad
La gente con un ápice en el centro del monte de Apolo es práctica y creativa.

PATRONES DE LA PALMA

Las composiciones de aristas de la palma de la mano, las líneas capilares y los surcos parecidos a los de los dedos forman una variedad de patrones distintos que representan facetas del carácter y la personalidad. Cada monte situado bajo los dedos tiene un punto central trazable, el ápice, el punto de encuentro de aristas y surcos del patrón de la piel, conocido en dermatología como trirradio. Estos puntos centrales se utilizan para medir los esquemas de comportamiento. Los montes puede que compartan el espacio bajo los dedos, formando una gran elevación, de manera que los puntos centrales indicarán a un lado o el otro.

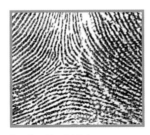

Localización del ápice
Para localizar el punto central, se han de seguir las aristas y surcos hasta que se encuentren en una formación triangular. El ápice es el punto de encuentro de aristas y surcos en el patrón de la piel.

Los ápices de los montes
Cuando el ápice está más bien bajo el índice que bajo el corazón, se considera el monte de Júpiter y Saturno; si está bajo el corazón, será el de Saturno y Júpiter. Siga esta idea para otros casos.

Patrones abiertos o cerrados

Hay dos tipos distintos de patrones: cerrados o suaves y ásperos o abiertos. Cuando el patrón parece cerrado o suave, el carácter es amable y refinado. Esta gente es persuasiva y perceptiva. El patrón abierto presenta aristas y surcos muy anchos que se aprecian en las manos de una persona activa. Indican una visión materialista y práctica.

Los ápices de los montes

Cada monte tiene un ápice en el patrón de la piel que se utiliza para establecer el centro del monte.

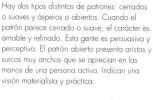

ápice del monte de Júpiter

ápice del monte de Saturno

El ápice del monte de Venus normalmente está cubierto por un patrón de rejilla.

ápice del monte de Apolo

El monte de Mercurio se suele inclinar hacia su vecino.

ápice del monte de la Luna

ápice del monte de Neptuno

Los ápices de los montes

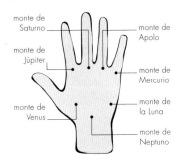

monte de Saturno
monte de Apolo
monte de Júpiter
monte de Mercurio
monte de Venus
monte de la Luna
monte de Neptuno

Los montes
Son las elevaciones carnosas bajo los dedos en la palma de la mano.

El monte de Júpiter

El ápice central indica integridad, orgullo y responsabilidad. Si tiende hacia el pulgar, la persona siente aversión por el papeleo y si está hacia el medio, respeta la ley y el orden.

El monte de Saturno

El ápice suele estar elevado e inclinado hacia el primer o tercer dedo. Indica una tendencia práctica y si está inclinado hacia el dedo de Júpiter, indica afición por coleccionar; hacia Apolo, indica mayor sociabilidad.

El monte de Apolo

Si el ápice está centrado muestra una naturaleza práctica y artística. Si se inclina hacia el dedo corazón, al individuo le costará confiar en los demás y puede estar reprimido; si lo está hacia el monte de Mercurio tendrá talento para los negocios y para hacer y prestar dinero. A veces pueden romper las reglas y cometer un fraude.

El monte de Mercurio

Este ápice casi siempre se inclina hacia el interior y raramente está centrado, pero cuando lo está, bajo el meñique, ayuda a la popularidad del individuo. Si está justo bajo el anular, tiene talento para la comunicación; y si está más cerca de la percusión o borde de la mano, estos dones son aún mayores.

El monte de la Luna

Si hay un trirradio, actuará como línea entre el monte de la Luna y el de Venus, generalmente, tirando hacia el monte de la Luna. Cuanto más bajo esté menos afecta, pero un ápice muy alto podría mostrar debilidad del sistema cardiovascular. Si la línea del destino atraviesa el trirradio, el éxito no parece llegar nunca. Si la línea del sol atraviesa el patrón, las esperanzas y deseos pueden desvanecerse.

El monte de Venus

Este ápice suele estar camuflado por una formación de rejilla, pero a veces se ve. Si está en la mitad del monte se muestra buena constitución y líbido. Si está bajo, predominan los instintos básicos, y si está alto implica mojigatería.

El monte de Neptuno

Este ápice ejerce poca influencia de por sí, pero cuando la línea del destino acaba en este punto o lo atraviesa, el dueño puede que se incline por la astrología, quiromancia o prácticas similares.

Los montes

Para más detalles sobre todos los montes y sus significados ver pág. 74–77.

Anillos en los dedos
Los anillos enfatizan el significado del dedo en el que se llevan.

ANILLOS Y OTROS OBJETOS

La quiromancia no es sólo mirar una mano e interpretar lo que hay en ella. Hay que mirar el todo. Si se lleva reloj, se debe observar dónde y cómo, ya que esto siempre ayuda en la valoración general. La norma es el reloj en la izquierda; en la derecha sugiere que el dueño puede ser exigente o zurdo, ambidiestro o posesivo. Si se lleva hacia dentro de la muñeca, podría ser deportista o trabajador al aire libre, que simplemente lo quiere proteger. Pero los anillos tienen significados muy distintos.

Relojes
Los relojes analógicos implican tradición, mientras que los digitales son más modernos.

En el corazón acentúa el sentimiento de equilibrio.

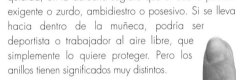

Adorno profesional

*Los mercaderes del siglo XVI llevaban
un anillo en el índice como símbolo
de su estatus profesional.*

ORO   PLATA

El bien y el mal

*Oro durante el día y plata durante la noche.
El oro es el metal del Sol y todo lo justo. La
plata es el metal de las brujas, de las fuerzas
oscuras y todos aquellos que engañan.*

Un anillo en
este lugar,
indica deseo de
independencia.

Derechos de la mujer

*En el siglo XIX llevar un
anillo en el meñique solía
ser signo de espíritu
independiente y apoyo al
movimiento de los
derechos de la mujer.*

Significado de los anillos

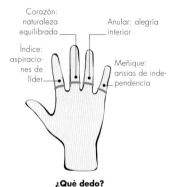

Corazón: naturaleza equilibrada

Anular: alegría interior

Índice: aspiraciones de líder

Meñique: ansias de independencia

¿Qué dedo?
El dedo donde se lleva el anillo muestra ciertos rasgos sobre la personalidad.

A menudo cómo y dónde se lleva el anillo puede sugerir que el dueño ignora su significado. Sin embargo, estos significados nos llegan desde el siglo XVI cuando tenían significados precisos. Los médicos llevaban el anillo en el pulgar y los mercaderes, en el índice. La gente que lo llevaba en el dedo corazón, se decía que tenían poca inteligencia y los estudiantes lo llevaban en el anular. Los amantes, independientemente de su edad, llevaban el anillo en el meñique.

Durante el reinado de Jorge I, los anillos de boda eran muy pesados y se llevaban en el pulgar. Pero, hoy en día, se llevan en el dedo anular izquierdo, ya que se creía que pasaba un nervio o vena especial que llegaba directamente al corazón. En la mayor parte de Europa las mujeres prefieren llevarlo en la mano derecha.

Los anillos no se han llevado siempre en la base del dedo; algunos lo solían llevar en la falange media. Si se llevaba en la falange de la uña, se mostraba una pretensión especial.

Anillos y personalidad

Tradicionalmente se creía que los anillos servían para ampliar o enfatizar las cualidades del dedo en el que se llevan. Por eso, en el índice, implica cualidades de liderazgo.

Un anillo en el dedo corazón sugiere una naturaleza fría, gente bien despierta, pero insegura por su vulnerabilidad emocional. Son solitarios y les cuesta abrirse socialmente.

La mayoría de la gente lleva el anillo en

el anular inconscientemente. De manera delibrada indica que les gustan las relaciones sociales, pero también muestran que a esta gente no le gusta estar sóla durante mucho tiempo. Tradicionalmente muestran si están casados o no.

El meñique puede relacionar muchos mensajes. Los masones llevan un anillo en este dedo, identificado por el diseño que proviene del "anillo sorpresa" del siglo XVII. La superficie se abre y revela una marca mágica que indica la pertenencia a una secta o grupo secreto.

En el siglo XIX, si una mujer llevaba un anillo en este dedo era un alegato a los movimientos de los derechos de la mujer y su nuevo carácter independiente. Muchas dibujaban en sus retratos un anillo en el meñique.

Anillos en los pulgares

Se vuelve a ver esta variante, pero es muy incómoda. Se trata de una demostración de moda que implica que el dueño quiere parecer diferente.

Un contacto divino
Un detalle del momento de la creación del hombre de Miguel Ánge en el techo de la Capilla Sixtina.

LOS GESTOS DE LAS MANOS

Solemos exhibir una parte de nuestra naturaleza real a través del contacto diario con la gente. A medida que hablamos las manos ayudan a acentuar los puntos importantes. Aprendendemos con naturalidad desde muy pequeños, debido a que imitamos constantemente a los mayores. Al estar con otros, escuchamos, observamos y reconocemos características que les atribuímos, sin ser conscientes de ello. Sin embargo, debemos recordar que hay gestos de aprobación o desaprobación que no son universales.

Ambiguos
Lo que puede tener un significado en un país, puede y suele tener un significado totalmente diferente en otro.

Chocar los cinco
Los gestos de las manos acentúan lo que se dice. Chocar las manos en lo alto es un gesto de celebración o felicitación mútua en muchos países.

Señales

La gente llamativa utiliza gestos expansivos que sugieren confianza. Cuando las manos se mantienen cerca del cuerpo implican una personalidad insegura.

El signo de la victoria

Winston Churchill puso de moda este símbolo durante la Segunda Guerra Mundial. Es un gesto de desprecio que proviene de la captura de arqueros de la Edad Media, ya que se les cortaban los dedo índice y corazón. Los arqueros que escapaban al castigo agitaban las manos mostrando estos dos dedos con alegría.

Interpretación de gestos

I had a dream my life would be ...

Ich träumte mein Leben wäre ...

Tenía un sueño en el que mi ...

Escritura

*La caligrafía puede reflejar
el tipo de mano.*

La escritura es un resultado silencioso pero visible de gestos concretos, de la inteligencia y el estado emocional del escritor en un momento determinado. De hecho, la caligrafía es tan personal que no se puede disfrazar. Si desea aprender quiromancia debería las técnicas básicas de la caligrafía para apoyar sus análisis.

Apretón de manos

Un apretón de manos implica buena voluntad, pero el propio acto varía mucho y hay gente que no ofrece su mano y opta por un leve movimiento de cabeza o una sonrisa. Esto es signo de personalidad cerrada, de un control deliberado y consciente. Se puede llevar la mano hacia abajo en posición dominante, ya que esto hará que la

otra persona gire la mano hacia arriba con gesto sumiso.

Un fuerte apretón, que le aprisiona y le exprime la mano, o se la tira y luego se la empuja hacia atrás, es muestra de inseguridad encubierta por aires de pseudo macho: un fanfarrón.

Si la mano que se ofrece es pasiva, de manera que nosotros tengamos que hacerlo todo, nos sentiremos superiores, justo lo que la otra persona pretende. Se trata de gente lista, intrigante y engañosa que hace que los demás sientan una falsa seguridad.

La gente que rechaza la mano y toca el hombro con gesto de confianza fingida son desagradables y están llenos de falsas promesas.

Señales silenciosas

El índice acompañado de un puño es enfático y de inconfundible significado. La otra mano muestra lo controlada que está la persona. Si está abierta, ya ha dicho todo lo que tenía que decir; pero si está cerrada, conviene prepararse para una potencial agresión física.

Piense por un momento, mientras un dedo acusa, los otros se cierran en un puño, señalándose y diciendo que tienen parte de culpa.

La gente que alza las manos abiertas, mostrando el dorso en señal de inocencia, probablemente pero no lo son. Si enseñan las palmas abiertas, puede que digan la verdad. Ocultar las palmas implica ocultar el propio ser, mientras que enseñarlas revela una naturaleza abierta y honesta.

Cruzar los brazos indica ponerse a la defensiva; si las manos sujetan los brazos, significa que el orgullo está dañado, pero si sólo se apoyan, los problemas tendrán una fácil solución. Si la mano sujeta la garganta, es signo de inseguridad y, quizás, de capitulación inminente. A menudo, se inclina la cabeza al mismo tiempo, lo que muestra la victoria del otro.

Abierto o cerrado

La gesticulación debería ser abierta. Si es cerrada, el individuo no se está "abriendo"; las manos cerradas muestran decepción.

LA QUIROMANCIA

Ya en el útero las principales líneas de la vida, la cabeza y el corazón y otras, se pueden apreciar ya a los 4 meses de gestación; el resto aparecen un poco más tarde. 〜 A diferencia de los patrones de la piel que no cambian nunca, estas líneas pueden y suelen variar según las experiencias del individuo. A medida que los jóvenes maduran, los puntos fuertes y las debilidades del carácter y de la personalidad pueden afectar el modo en que las líneas se reflejan en la palma si los incidentes han marcado lo suficiente la psyque. 〜 Antiguamente, sólo se interpretaban las líneas; el análisis de la forma y los rasgos vino mucho después. La palma indica la naturaleza general, mientras que las líneas muestran cómo se lleva a la práctica, para bien o para mal. Siempre hay que mirar las dos manos detenidamente, ya que cualquier diferencia puede afectar la evaluación general.

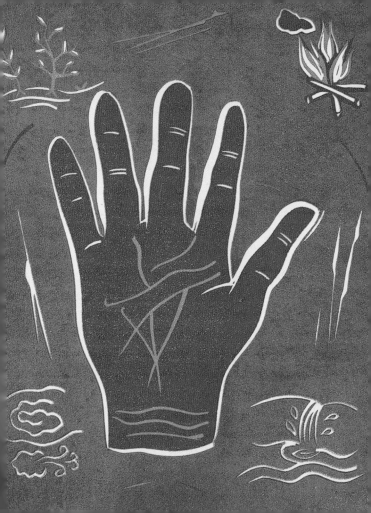

Palmas y líneas

Líneas
Las líneas de la mano revelan muchas facetas del carácter de una persona.

L
as líneas, y la palma en la que se dibujan, deberían complementarse para que el equilibrio interior del individuo no se vea dañado.

La mano cuadrada implica una naturaleza precisa, metódica y práctica, de manera que esta mano de muchas líneas indica un carácter sensible y artístico y puede que un exceso de energía nerviosa. De ahí que sea conveniente que sólo haya unas pocas líneas en esta mano, ya que si está cubierta de ellas, la persona podría confundirse con facilidad.

La mano cónica indica sensibilidad; suele tener muchas líneas, ya que la naturaleza de la persona la prepara para la variedad y el estímulo del cambio. Si hay pocas líneas, es signo de una mayor confianza en sí mismo, buena constitución y equilibrio entre la energía nerviosa y la actividad física.

Por ello, no es difícil ver por qué la mano elemental tiene sólo las líneas principales, mientras la mano psíquica está cubierta de líneas finas. La mano espatulada suele tener una buena parte cubierta de líneas que reflejan la constante actividad, mientras la mano filosófica normalmente tiene líneas grabadas profundamente, que enfatizan la actividad mental.

Cuanto más desigual sea un par de manos, más cambios habrá sufrido el dueño. Si las líneas de la vida son muy distintas, los asuntos familiares o el entorno inmediato podrían ser la causa quizás en una edad temprana. Los problemas de salud pueden ser otra razón. Si las líneas principales difieren, la persona habrá tenido que superar muchos obstáculos para conseguir sus objetivos. Si las líneas del corazón son muy distintas, la causa reside en los problemas emocionales.

Puntos débiles

Cualquier interferencia o imperfección en cualquiera de las líneas disminuye la fuerza natural. Un corte sugiere falta de continuidad, una isla indica debilidad y pequeños puntos y barras que se cruzan implican un serio empeoramiento.

A veces podrían faltar o debilitarse algunas de las líneas principales, como si fueran virtualmente inexistentes. Así, la línea afectada se convierte en un punto focal de la naturaleza del individuo.

Si la línea de la vida es inapreciable o débil indica falta de entusiasmo o una constitución débil, y no apreciar la línea del corazón refleja una pobre reacción emocional o un sistema vascular débil.

Comparación de manos

Siempre se han de analizar ambas manos cuidadosamente, ya que cualquier diferencia puede afectar a la evaluación general.

TAMAÑO Y FORMA

Las manos pueden ser pequeñas o grandes, pero una persona grande puede tener manos relativamente pequeñas, a pesar de ser mucho más grandes que las de personas pequeñas. En general, las manos de la gente van en relación a su tamaño, pero hay gente de manos desproporcionadas. Las manos grandes se ocupan de los detalles y nimiedades, mientras que las pequeñas no tienen tiempo para ello; todo lo que ven es el producto final, sin importarles los detalles.

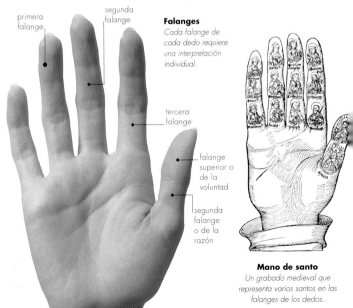

primera falange

segunda falange

Falanges
Cada falange de cada dedo requiere una interpretación individual.

tercera falange

falange superior o de la voluntad

segunda falange o de la razón

Mano de santo
Un grabado medieval que representa varios santos en las falanges de los dedos.

Impulsivo

Una palma larga y dedos cortos sugieren una persona que actúa por impulso: cuanto más pequeña sea la mano, más impulsiva será.

Detallista

Una palma larga y dedos largos muestra una persona que se fija en los detalles, pero si la palma es pequeña, es casi una obsesión.

Creativo

Una mano larga y pulgar de raedera muestran una atracción hacia las artes.

Práctico

Una palma cuadrada y dedos colocados de manera regular denota sensatez y pragmatismo.

Tamaño y textura

Expresividad
*Una mano larga y expresiva.
Note la pesadez del pulgar.*

La mano grande

Las manos grandes corresponden a gente que pueden ser acusados de ser más superficiales que profundos, ya que pueden perder el tiempo en detalles y no en la imagen general. Así, la gente de manos grandes tienen una mente analítica; y los de palmas grandes y dedos cortos no son tan impulsivos como los de manos pequeñas, palmas grandes y dedos cortos. Sólo recuerdan y prestan atención mientras algo les interesa, aunque menos, si la palma es estrecha, en cuyo caso será muy remilgado.

La gente de mano grande y palmas estrechas son gente centrada, subjetiva, fría e incluso cruel a veces. Las manos grandes de palmas pequeñas y dedos largos sugieren una obsesión por el detalle, sobre todo si el nudillo está abultado.

Una mano grande y ancha denota sentido común, tranquilidad y comprensión con los menos afortunados. A menudo, trabajan en los servicios públicos o social.

La mano pequeña

Las manos pequeñas corresponden a gente que ve el todo sin reparar en los detalles. Reducen las ideas a la raíz y pueden ser incapaces reconocer los matíces de un problema.

Si la mano pequeña tiene una palma grande y dedos cortos, le dedica tiempo al detalle, pero no mucho, ya que la' memoria es limitada, a menos que se refiera a algo que le interesa. Esta gente es impulsiva y se lanza de cabeza a desarrollar proyectos y tramas, sólo para meterse en otro embrollo y tener que salir con disculpas. Pueden tener mejor memoria y humor que los de manos grandes, a menos que las palmas sean estrechas, en cuyo caso también serán egocéntricos y mezquinos.

Manos blandas

La mano pequeña es a menudo blanda y, no es que eviten el trabajo físico, pero tampoco lo buscan. La persona suele ser mentalmente activa, pero casi siempre tiene un lado vago.

Manos duras

Las manos grandes suelen ser firmes e implican una vida positiva y activa. El individuo suele ser lanzado a la hora de tratar con los demás. Sin embargo, las palmas grandes y blandas sugieren vagancia y dilación.

Manos duras y pequeñas

Los de manos duras y pequeñas son trabajadoras y harán lo que sea para acabar un trabajo, cueste lo que cueste emocional, mental o incluso socialmente.

LOS MONTES

Éstos son las elevaciones carnosas que se encuentran bajo cada dedo (Júpiter, Saturno, Apolo y Mercurio), conocidos comúnmente como montes dactilares. La tercera falange del pulgar crea el monte de Venus y la zona ancha del borde exterior de la mano es el monte de la Luna. La pequeña elevación que a veces aparece entre ambos es el monte de Neptuno. Algunos palmólogos ignoran los montes, mientras que otros los examinan a fondo. Lo ideal es que los montes se desarrollen, es decir, que se vuelvan firmes y esponjosos.

El monte de Saturno
Siempre debe estar desarrollado porque es el equilibrio de la mano.

Localización de los montes

○ El monte de Júpiter es el primer monte dactilar.

○ El monte de Saturno se encuentra justo bajo el dedo corazón.

○ El monte de Apolo se encuentra justo bajo el anular.

○ El monte de Mercurio es raro que se encuentre sólo bajo el meñique. Normalmente lo comparten el anular y el meñique.

○ La zona de Marte está en el centro de la palma entre los montes dactilares y la parte superior del monte de la Luna y el de Venus.

○ El monte de Venus es realmente la tercera falange del pulgar.

○ El monte de Neptuno se encuentra en la base media de la palma.

○ El monte de Plutón es una idea moderna y forma parte de la tercera parte más baja del monte de la Luna.

○ El monte de la Luna es una elevación a medio camino entre el borde de la palma y la base de la mano.

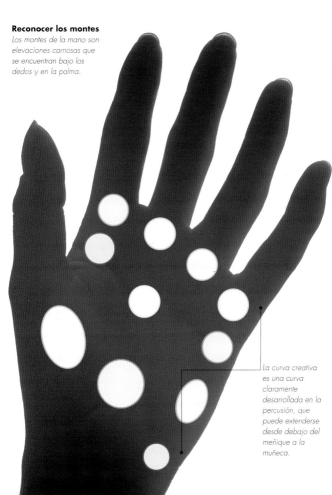

Reconocer los montes

Los montes de la mano son elevaciones carnosas que se encuentran bajo los dedos y en la palma.

La curva creativa es una curva claramente desarrollada en la percusión, que puede extenderse desde debajo del meñique a la muñeca.

Los montes

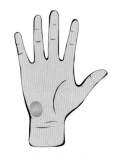

El monte de la Luna plano
*A la gente con el monte de la Luna
plano les falta delicadeza, pero
aparentan bien.*

El monte de Júpiter

Si se desarrolla con un ápice situado en el centro, el sujeto es ambicioso, honesto y amante de la buena vida. Si se desarrolla en exceso, el dueño será arrogante, egoísta, dictatorial, desagradable y directo. Un monte blando o fino indica vagancia y buscar el camino fácil, después de hacer dinero rápidamente.

El monte de Saturno

Si está bien desarrollado, es un fatalista, alguien que da importancia al dinero y a las posesiones.

Si se desarrolla en exceso, adopta una vida solitaria evitando socializarse. Una zona plana indica una persona insegura, que sólo predica desgracias.

El monte de Apolo

Suele indicar inclinación al arte, si está desarrollado. Si la persona se dedica a él, podrá ser muy creativa. Si se desarrolla en exceso, se cree demasiado importante y tiene un temperamento desagradable y extravagante. Un monte plano muestra a un materialista, egoísta y avaro que no aprecia el arte.

El monte de Mercurio

Si se desarrolla bien y está en una posición central, será amante de los negocios. Un monte bien desarrollado, corresponde a gente que se saltará las reglas para obtener beneficio y puede que no sea honesto consigo mismo ni con los demás y que sea supersticioso. Un monte plano es signo de mala conexión con el mundo comercial y una pobre capacidad de comunicación y poca motivación: es un seguidor.

El monte de Venus

Si está bien desarrollado, la persona
tendrá un líbido saludable, naturaleza
afectiva y cálida y valorará la vida
familiar. Si se desarrolla en exceso, será
desvergonzada y poco agraciada. Un
monte plano indica que esta gente son
mala compañía y muy egoístas.

El monte de Neptuno

Si su desarrollo es obvio, refleja
caminos perceptivos e instintivos de
comprensión, lo que hace que la gente
tenga manías.

El monte de la Luna

Si está bien desarrollado, la persona
será imaginativa e intranquila. Tendrá
problemas para adaptarse a la rutina.
Un desarrollo excesivo indica la falta de
poder. Si es plano, muestra una
naturaleza fría y falta de imaginación.

Los montes y el éxito

Para descubrir cómo están relacionados los
montes con el éxito profesional, ver pág.
202–205.

Ideas originales
La gente con la curva creativa de tamaño normal concebirá y se embarcará en proyectos innovadores de principio a fin.

LOS MONTES
Hay otros montes como la zona de Marte, en el centro de la palma, y el monte de Plutón, una idea nueva. También se llama monte a una curva claramente definida que se aprecia a veces en el borde de algunas palmas: la curva creativa. Y por último, está el ratón, que se forma cuando se aprietan los puños. Si ambos montes son suaves al tacto, el individuo puede ser de naturaleza aburrida y depresiva, sin ambición o entusiasmo por la vida. Esta gente obtiene poco de la vida, pero tampoco se esfuerza por ello.

El monte de Venus
Si está lleno y bien desarrollado, la actitud frente a la vida está libre de reticencias. El dueño es de naturaleza abierta y realista, a menudo de líbido saludable y abierto. Si es inactivo y sin vitalidad, tiende a ser reservado y cerrado.

El monte de Júpiter

Si está bastante completo, la persona tendrá una buena aptitud para asuntos sociales; pero si está demasiado completo, triunfará el egoísmo, la ostentación, la vulgaridad y el mal gusto, en casos extremos. Si es plano o sin vitalidad, será perezosa, un seguidor.

El monte de Mercurio

Suele inclinarse hacia su vecino, y si la persona es inactiva, refleja una personalidad depresiva. Cuanto más desarrollado, el dueño se enfrenta con más vitalidad a la vida.

MONTE DE
JÚPITER

MONTE DE
MERCURIO

MONTE DE
VENUS

Los montes

El monte de la salud
Este monte abultado se conoce como el ratón e indica buena salud.

La zona de Marte

Si está bien desarrollada, la persona tendrá buena capacidad para resistir enfermedades o situaciones adversas. Juega limpio y tiene obsesión por la justicia. Asimismo, puede ser un poco ansiosa si se junta con gente así, ya que tienen mucha energía. Una zona muy desarrollada implica un exceso de celo impropio y puede mostrar rebeldía, desconfianza natural y algo de crueldad. Si está subdesarrollado, no parece tener el coraje de luchar, ni siquiera por lo que le pertenece, y evita la confrontación. Si hay una pequeña elevación entre el índice y el pulgar, le costará difícil controlar el temperamento y tendrá un gran espíritu competitivo. Éste es el antiguo monte de Marte positivo, en el borde interior de la palma, a la misma distancia de la línea de la cabeza y la del corazón, si llega a esta altura. Esto demuestra que al dueño no le importa en absoluto otras personas o sus causas; es el signo de un superviviente y de alguien que protesta por todo.

El monte de Plutón

Si está bien desarrollado, indica pasión práctica o teórica por las doctrinas secretas y ocultas. Asimismo, hay lugar para el patriotismo. Si está muy completo, el dueño se interesa poco por los extranjeros.

El monte de la salud

Al apretar el puño con el pulgar el índice al lado del bulto creado en el dorso de la mano entre el pulgar y la base del índice indica el estado actual de salud. Si al tocarlo está firme en ambas manos, es signo de buena

salud. Si es blando en la mano
derecha, pero firme en la izquierda, se
está bajo de salud, puede que debido
al cansancio. Después de comer y
descansar, el monte volverá a estar
firme y nos encontraremos mejor.

La curva creativa

Si la curva se inclina claramente hacia
la parte superior del lateral de la mano,
es signo de buena creatividad. Si se
desarrolla hacia el medio, se trata de
alguien que puede o desarrolla ideas
para otros; y si lo hace en la base del
lateral, indica que puede hacer que
una idea se lleve a la práctica. Si el
lado de la mano es plano o recto, el
dueño será lento al trabajar o apreciar
nuevas ideas, pero puede ser más ágil
con las manos, por ser un rasgo de las
manos cuadradas.

Los ápices

Para más información sobre el significado de
los ápices de los montes, ver pág. 52–53.

Ambición
La zona horizontal central de la mano manda sobre la mente y la ambición.

NUEVO ENFOQUE En los últimos 30 años se ha

adoptado un enfoque nuevo respecto a estas tradicionales zonas de la palma de la mano, al dividir la mano en tres zonas verticales y tres horizontales. Cada una corresponde a los esquemas de comportamiento consciente e inconsciente y el equilibrio que se mantiene entre ellos. El desarrollo de la superficie de la palma, muestra qué tan bien que se ha mantenido el equilibrio general.

Naturaleza espiritual
La zona horizontal de la mano refleja la naturaleza espiritual o idealista.

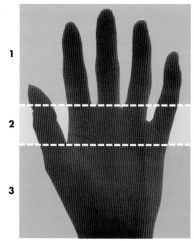

1

2

3

Equilibrio

La zona horizontal baja de la mano, representa la estabilidad. Si esta zona de la mano está subdesarrollada y el dedo corazón es más pequeño que el índice y el anular, al dueño le faltará sentido común y se aficionará a actividades temerarias como las apuestas.

4   5   6

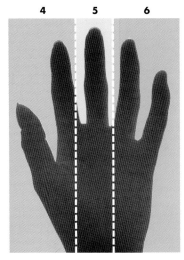

Las zonas horizontales van de las puntas de los dedos al nacimiento en la parte superior de la palma; de ahí hasta el nacimiento del pulgar, en la muñeca.

Las zonas verticales van del pulgar a la separación existente entre el índice y el corazón; de ahí hasta la separación entre el anular y el índice; y de ahí al cubital o al borde exterior de la mano.

1 Naturaleza espiritual o ideal
2 Nauraleza mental o ambiciosa
3 Nauraleza material o básica
4 Nauraleza activa o consciente
5 Nauraleza equilibrada
6 Nauraleza inconsciente o instintiva

Zonas

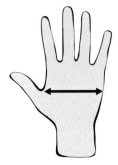

La anchura de la palma
Una palma ancha revela una mente abierta; una estrecha, una visión limitada.

Zona de percusión

El extremo de la palma revela cómo se responde a estímulos externos. Así, si el borde ulnar externo es débil, se trata de gente a la que le cuesta decepcionarse. Tienen dificultades al triunfar en algo, ya que son muy abiertos con la gente.

Si muestra un desarrollo normal, el dueño puede engañar sin pretenderlo, al intentar sacar todo lo mejor de los demás. La fanfarronería es otro de sus rasgos y se ha de andar con cuidado al enfrentarse a esta clase de gente.

Zona radial

El lado radial o del pulgar muestra cómo reaccionará una persona de forma consciente a estímulos externos. Un índice largo y bien formado revela una persona observadora que se enorgullece de sus logros; cuanto más alejado esté el índice del corazón, más sensible será la persona.

Zona central

La zona central de la mano se guía por el dedo y el monte de Saturno. Así, el desarrollo de esta zona muestra el equilibrio de una persona. Mientras el dedo corazón sea largo y recto y el monte de Saturno esté bien formado, prevalecerá una imagen de sentido común, estabilidad y equilibrio.

Si esta zona no está bien formada, el dueño puede no ser de fiar y optará por todo lo que pueda hacer con el mínimo esfuerzo. Si el dedo corazón es más corto que el índice o el anular, puede tratarse de un jugador, con poca voluntad, impulsivo y, a veces, temerario.

Zona inferior

Esta zona de la mano es donde
residen las energías y cuando esta
zona está bien formada, la
personalidad se inclina por lo físico,
de manera que los objetivos mentales y
emocionales quedan en segundo lugar.
Una mano ancha revela el gusto por la
vida exterior o la libertad y una
estrecha o delgada revela una
naturaleza egoísta.

Zona superior

Cuando la zona superior de la palma
está bien formada y las otras zonas
están bastante equilibradas, se tendrán
buenas cualidades para el liderazgo,
quizás en materia educacional. El
individuo puede preferir que otros
guíen, pero adopta el papel de
consejero, ya que le encanta la idea
de ser una de las personas en el poder.

Poca adaptabilidad

Si el índice y el corazón están cerca el uno del
otro, revela la falta de adaptabilidad, ya que
se rechaza todo lo nuevo.

MANOS LLENAS, VACÍAS Y MEDIAS

Cuando se ve una palma de gran complejidad de líneas que se entrecruzan aquí y allá, es posible que esto no sean simples marcas de influencia, sino líneas menores definidas que se pueden identificar, aunque con algunas dificultades. Sin embargo, antes de analizarlas una por una, primero hay que observar la imagen general. Trace cada una de las líneas principales para establecer su campo y fíjese en cuáles son las líneas de influencia y cuáles no.

Mano media

Sólo se aprecian las líneas principales y las de influencia, lo que sugiere un enfoque general de la vida bien equilibrado. Esta gente deja pocas cosas a medias y es abierta de mente; nada les hace decaer. Cuando hay más líneas horizontales que cruzan la mano, no sabe adaptarse para afrontar los problemas que se le presentan. Podrían ser incapaces de mirar hacia adelante o no quererlo o, simplemente, les falta visión. Las líneas que cruzan la palma se ven como obstructoras, como si al cortar una línea se impidiera que los talentos asociados a ella fluyan.

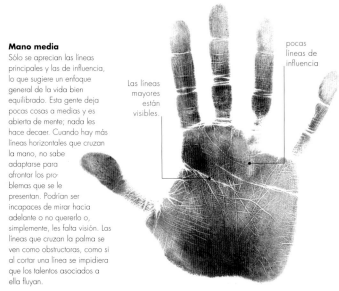

Las líneas mayores están visibles.

pocas líneas de influencia

patrones
complejos

Se distrae
fácilmente.

buen
trazado
de líneas

Mano llena

Esta gente sólo está
contenta cuando se
preocupa de algo, bueno o
malo. La mente no está
nunca tranquila. Siempre
intenta comprender o
imaginarse la reacción de
terceros al hacer referencia
a acciones o decisiones
tomadas por ellos o por
otros.

No le
gustan las
tareas
diarias.

Mentes distraídas

*Dada su mente activa y su
falta de autodisciplina, a la
gente de mano completa les
resulta difícil realizar las mo-
nótonas tareas cotidianas.*

Manos llenas y medias

Sin descanso
*Una mano llena revela una
mente intranquila.*

La mano llena

El nombre de esta mano lo dice todo. Es fácil de reconocer, ya que hay un montón de líneas que se entrecruzan por toda la superficie de la palma creando un patrón complejo. Descubrir por dónde empezar a descifrar este laberinto podría ser la pesadilla del palmólogo.

Este trazado de líneas es un indicador de alguien de mente intranquila, que no deja de preocuparse debido a que es muy emotivo y extremadamente nervioso y tiene una imaginación sin límites. Este tipo de gente no suele ser feliz. Siempre desconfían de los motivos de otros y les preocupa disgustar a los de su alrededor; como resultado, viven entre la espada y la pared. Tienen un extraño enfoque filosófico de la vida y les falta confianza en sí mismos.

No obstante, no todos tienen cualidades negativas y muchos tienen mentes brillantes y son poseedores de vidas fascinantes. A pesar de ser perceptivos, comprensivos y muy listos, les falta iniciativa y no suelen tener gran empuje, pero se iluminan cuando el foco los captura y los sitúa en el centro de todo.

Se suelen frustrar con facilidad frente a actividades que requieren mucha atención por los detalles, y los trabajos rutinarios les aburren. No se adaptan con facilidad a ningún tipo de disciplina, pero hallan una forma de seguir su camino si se trata de imponérselo a alguien.

A menudo, se encuentra en puestos autoritarios asumidos a temprana edad, debido a que pueden impresionar con su labia, aunque no suelen mantenerlos mucho tiempo, ya que no saben conservar el poder. Por ello, son muchos los que alcanzan la cima, pero pocos los que se mantienen y, cuando caen, asumen su pérdida en silencio y sufren de nervios; la tranquilidad les pone enfermos, no descansan y se alteran cuando se les presiona.

La mano media

Es el punto intermedio entre la llena y la vacía, por lo que puede ser difícil descifrarla y está llena de trampas para los estudiantes de quiromancia. Si no se está seguro, hay que mirar si hay más líneas verticales que horizontales, es decir, si hay más líneas que van de la muñeca a los dedos.

Las verticales revelan a los que siempre aprovechan toda oportunidad de ampliar su fortuna y de mejorar.

Aprehender el día

La gente de manos medianas tiene un lema: sin intentarlo, no se llega a ninguna parte.

MANO VACÍA

Normalmente sólo tiene las tres líneas principales y una pequeña colección de líneas de influencia o marcas de puntos. Muestra mucha más seguridad en su carácter, en el enfoque hacia la vida y en sus responsabilidades. Esta gente no suele tener muchas preocupaciones ni problemas; pero cuando les surge un problema, se lo guardan para ellos. Dan la impresión de no sentir las cosas tanto como los de manos llenas y, si lo hacen, no suelen mostrarlo.

La mano vacía

La mano vacía muestra una gran tenacidad con lo que se proponen y, si empiezan algo, lo acabarán bien. Suelen evitar el contacto físico, como besos o abrazos al despedir o saludar a alguien querido antes o después de una larga ausencia.

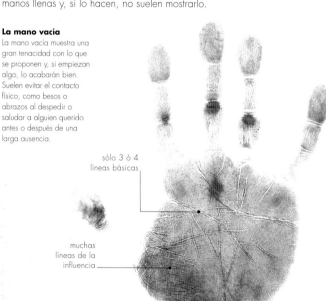

sólo 3 ó 4
líneas básicas

muchas
líneas de la
influencia

No les gusta nada mostrar sus emociones y les gusta aún menos hacerlo en lugares públicos.

Militar

La gente de manos vacías es adecuada para todo tipo de trabajo que implique disciplina; el ejército es perfecto para muchos de ellos. Son convencionales y pueden dar y acatar órdenes con la misma facilidad.

Casi siempre son muy lanzados, puntuales y ordenados y les gusta la vida tranquila.

Son muy buenos instructores porque son creativos y prácticos a la vez.

Modestia

Tienen un enfoque muy profundo y van por la vida tranquilos y sin presumir. De algún modo, no se nota su presencia hasta que están delante, pero entonces ya es muy tarde para ellos y para los demás.

Las líneas de la mano

Todos nosotros tenemos algunas líneas, pero no todas tienen la misma forma. A medida que crecemos, maduramos y desarrollamos el carácter, las líneas reflejan cambios. Las marcas menos definidas las revelan los punto sdébiles, mientras que los fuertes crean marcas bien definidas.

Estas líneas y las marcas de influencia no dejan de cambiar a medida que la vida progresa. En primer lugar, el palmólogo debe determinar la forma y el estilo de la mano y sólo entonces puede empezar a descifrar su significado.

Comparar las manos

Deben examinarse ambas manos. La izquierda refleja los dones y talentos innatos; y la derecha, qué tan bien que estos se han desarrollado.

Si Vd. desea, puede también probar, pero primero deberá empezar por la mano izquierda, para después compararla con la derecha. Las dos manos no serán nunca completamente iguales y pueden diferenciarse hasta en

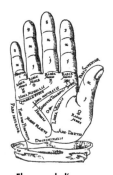

El mapa de líneas
*Una imagen antigua que muestra
las líneas y partes de la mano.*

la forma. A menudo los rasgos como la textura o la consistencia pueden variar. Los dedos y otros aspectos tampoco suelen coincidir del todo. Por norma la mano derecha es la dominante, ya que suele indicar el modo en que la personalidad ha asimilado los cambios.

Si hay pocas diferencias, es señal de que la persona no ha necesitado realizar cambios y tendrá un aspecto alegre y complaciente. Cuanto más desiguales sean las marcas, sobre todo un claro cambio de forma, menos feliz será la vida. El individuo habrá vivido muchas experiencias significativas, impuestas o creadas por sí mismo.

En una sensible mano cónica, se espera ver líneas trazadas con nitidez; en una cuadrada, puede que haya pocas líneas, que reflejan el enfoque práctico y los pies en la tierra.

Si una línea es interrumpida por una isla, esto muestra la clara debilidad de esta línea y se infiere que la parte de la vida que representa esta línea también es débil. Pero cuando la línea vuelve a unirse, gana ímpetu. Las interrupciones de una línea son serias, mientras que los puntos o barras lo son menos; aunque, al cortar la fluidez, también resultan ser un problema.

Los ancianos suelen tener las líneas desgastadas y reflejan la esperada disminución de energía.

Líneas claras

Cuanto más claras se lean las líneas mejor. Compáralas con las tuberías: si se rompe u obstruye alguna, se impide que fluya el agua.

LÍNEAS MAYORES Y MENORES

Las líneas mayores de la mano son tres: la de la cabeza, la vida y el corazón. Personalmente considero la línea del destino un caso muy especial, ya que es tan importante cuando está presente como cuando está ausente, aunque tradicionalmente se haya considerado ua línea menor. El dibujo muestra el gran número de líneas menores, así como "anillos" y otras marcas de influencia más importantes como, por ejemplo, la cruz mística. Los significados de todos ellos se explican en este capítulo.

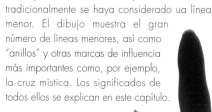

Manos diversas

No toda mano tiene todas las líneas y no toda línea está tan bien definida como en estos dibujos. Todas las líneas de la mano son variaciones del tema principal: ver el texto guía.

MAYORES

- Vida
- Corazón
- Cabeza
- Destino

MENORES

- Sol
- Mercurio
- Simiesca
- Sydney
- Brazalete

- Anillo de Salomón
- Anillo de Saturno
- Anillo de Apolo
- Anillo de Mercurio
- Cinturón de Venus

- Intuición
- Vía lasciva
- Línea de la familia
- Estigma médico
- Cruz mística
- Líneas de los niños y de las uniones

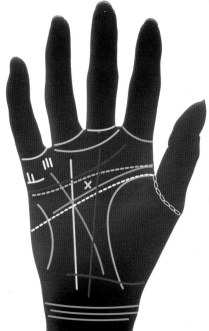

Marcas y signos especiales

| círculo | punto | triángulo | cuadrado | escobilla | estrella | isla | cadena |

ay una enorme variedad de marcas y signos especiales en cualquier punto de la palma o de los dedos. El número exacto depende del sistema utilizado, la escuela del pensamiento o de visión nacional. En Oriente existen muchas marcas no reconocidas en Occidente, pero merece la pena su estudio. Cualquier buen libro de Oriente incluye una lista de ellas.

Los modernos analistas de las manos no siempre utilizan estos 14 signos y no todos se encuentran en una misma mano. Es muy posible que no aparezca ninguno de ellos, pero es probable ver, al menos, 4 ó 5 en un par de manos.

Las marcas son: barra, cadena, círculo, cruz, cuadrado, escobilla, estrella, isla, parrilla, punto, triángulo, tridente y las líneas horizontales y verticales.

Significados

Puede que estén sólos o que formen parte de otra línea, quizás con otras marcas formadas accidentalmente por la unión de líneas mayores y menores. Normalmente se dice que el círculo, cuadrado, estrella, triángulo, tridente y línea vertical son beneficiosos y se suelen encontrar en la mano.

Todas las demás (barra, cadena, cruz, punto, parrilla, isla y escobilla) se consideran negativas, dependiendo de donde se encuentren.

Estúdielas con detenimiento, ya que son como los aspectos menores de la astrología, que responden a aspectos del carácter, que no tendrían respuesta inmediata.

A veces, pueden referirse a un incidente del pasado que no se olvida por el efecto que tuvo. Podría ser un

| cruz y parrilla | líneas verticales y horizontales | tridente y barra |

signo de advertencia sobre algo que podría suceder más tarde.

Por ejemplo, igual donde vea el cuadrado, siempre será favorable y un signo de preservación. Si la línea de la vida parece fuerte después de ser cruzada por otra, puede referir un corto período en el hospital. No obstante, una estrella cerca del final de la línea de la vida denota un shock y debería verla como una advertencia.

El círculo se confunde, fácilmente, con una isla o un triángulo o cuadrado mal formado, que debe examinar con cuidado. El tridente es un rasgo de quiromancia india.

Lo inimaginable

Para más información sobre el significado de las marcas especiales y de lo inimaginable, ver pág. 214-217.

La vida
La línea de la vida traza acontecimientos de la vida a la muerte.

LÍNEA DE LA VIDA

Cuando esta línea está más marcada, el individuo antepondrá lo físico por encima de todo, lo que se encuentra en las manos de gente que prefiere la vida al aire libre y que tiene éxito cuando hay actividades físicas de por medio. No obstante, como cualquiera de las otras líneas, no se debe leer aislada, sino en conjunto con las demás y con otros rasgos de la mano, si se pretende realizar un análisis satisfactorio de la persona.

Al aire libre
Una línea de la vida muy marcada revela una actitud frente a la vida fuertemente física, ya sea el sujeto un atleta o alguien que prefiere la vida al aire libre.

Entusiasmo por vivir

Una línea ininterrumpida y bien marcada es signo de entusiasmo y naturaleza resplandeciente. Una persona así casi siempre vive la vida con intensidad.

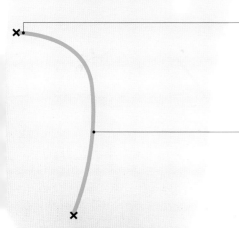

La línea de la vida empieza casi en cualquier sitio de la zona radial de la mano, normalmente en el monte de Júpiter o Marte o entre ellos. Puede comenzar junto con el patrón de las líneas en el extremo radial o más adentro.

A menudo empieza encadenada o aislada, pero debería estar claramente definida para adentrase hacia el interior de la mano, rodeando el monte de Venus, y acabar en algún lugar cerca de la base de la mano.

Leer la línea de la vida

Vida fuera de casa

Una línea bien marcada revela que al dueño le gusta la vida física.

La línea de la vida es la más importante de nuestra constitución y vitalidad, y debería tener un aspecto fuerte y saludable. Cuantas más interrupciones tenga, menos fuerza tiene para actuar como debería.

A veces parece oprimir la bola del pulgar y arropar el monte de Venus. Puede salirse hacia afuera para acabar en algún lugar del monte de la Luna o puede ser la división de ambos montes. En algunos casos puede llegar hasta el borde más bajo de la palma. Se puede ramificar, desvanecer, desgastar o acabar en forma de escobilla.

El principio de la línea

Si nace en el borde de la mano con una única línea, la persona es abierta y está segura de sí misma; pero cuando está encadenada, depende mucho de los demás. Una formación de isla abierta sugiere un misterio en su nacimiento: adopción, ilegitimidad o puede que dificultades al nacer.

Si, al principio, está unida a la línea de la cabeza, cuanto más juntas estén, más prudente será el dueño en sus relaciones. Esta gente es muy sensible, está llena de dudas personales y es difícil de entender; tiende a conseguir muy poco. También pueden mostrar orgullo nacional o amar la tradición familiar, el camino correcto de hacer las cosas; consideran importante la convención.

A medida que la línea de la vida se aleja de la línea de la cabeza, se pueden apreciar pequeñas líneas de influencia entre ellas. Cuando hay muchas, el dueño no es de naturaleza muy positiva y mirará a los demás para el liderazgo, ya que les falta decisión.

Una línea que empiece muy alto en el monte de Júpiter denota una naturaleza saludable, ambiciosa y que guía. Esta gente está segura de sí misma y siente que es infalible. Cuando las cosas van mal, necesitan a alguien a quien echar la culpa para no admitir sus errores. Cuanto más abajo llegue esta línea, menos se seguirá esta tendencia. Son abiertos, amigables y naturales.

La línea de la vida que se origina en el monte de Marte y se aferra a la bola del pulgar, crea un alma sensible y delicada, dispuesta a saltar al mínimo problema con un mecanismo propio de defensa. Si en el monte de Marte resalta una línea, el individuo es un seguidor que rara vez actúa sin asegurar cada paso que da y que duda incluso entonces. Una línea que cruce o toque la línea de la vida, muestra la interferencia de un familiar o amigo.

Poner fecha a los sucesos

Para información sobre las edades en que suceden los hechos a través de la línea de la vida, ver pág.190–197.

LA LÍNEA DE LA VIDA

Tradicionalmente siempre se ha pensado que una línea corta indica una vida corta y una larga una vida larga. Esto no es así, porque hay mucha gente que sólo tiene una vaga marca y otra que ni siquiera tiene línea en ninguna de las manos. Pero es verdad que no son muy fuertes físicamente y puede que sean de constitución más débil que otros. Esta gente alcanza o puede alcanzar una edad madura.

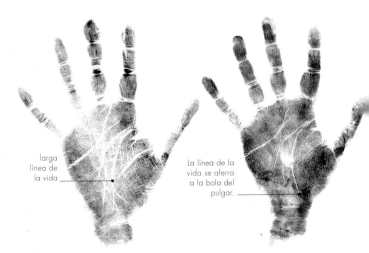

larga
línea de
la vida

La línea de la
vida se aferra
a la bola del
pulgar.

Una larga línea de la vida
Suele revelar a alguien que prefiere el trabajo físico antes que materias abstractas.

Restringe la bola del pulgar
En los casos en que la línea de la vida restringe la bola del pulgar, hay poco entusiasmo por la vida y se tener una visión limitada.

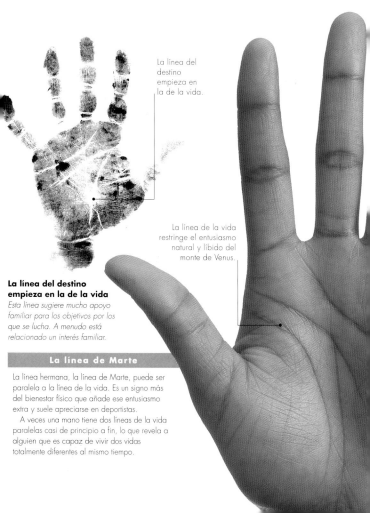

La línea del destino empieza en la de la vida.

La línea de la vida restringe el entusiasmo natural y líbido del monte de Venus.

La línea del destino empieza en la de la vida
Esta línea sugiere mucho apoyo familiar para los objetivos por los que se lucha. A menudo está relacionado un interés familiar.

La línea de Marte

La línea hermana, la línea de Marte, puede ser paralela a la línea de la vida. Es un signo más del bienestar físico que añade ese entusiasmo extra y suele apreciarse en deportistas.

A veces una mano tiene dos líneas de la vida paralelas casi de principio a fin, lo que revela a alguien que es capaz de vivir dos vidas totalmente diferentes al mismo tiempo.

Leer la línea de la vida

Línea corta
Una línea de la vida corta no indica una vida corta.

Las marcas de influencia que se derivan de la palma, fuera de la línea de la vida, indican dónde o quién origina los problemas: si provienen de Júpiter, tienen relación con el éxito profesional; de Saturno, revela disciplina personal; o del dedo o el monte de Apolo, asuntos artísticos o creativos.

Si la línea de la vida de la mano derecha se adentra en la palma sin conexión con la línea de la cabeza, el dueño realizará esfuerzos físicos para mejorar su vida. Si la izquierda parece restringir la bola del pulgar, pero la derecha es notablemente diferente y se introduce en la palma recta, la persona realizará muchos intentos de mejorar la vida. Esta gente considera que los años pasados fueron negativos y difíciles de lidiar y piensa que esto los ha limitado. Se enfrentaron a padres autoritarios, se sobreponen a frustraciones académicas o del entorno y reconocen su débil salud y carácter sensible y responsable.

Por el contrario, si la izquierda se adentra en la palma y la derecha se aferra al monte de Venus, revela las circunstancias que han inflingido la pérdida. La persona ha extraído lo mejor de las cosas, pero a pesar de ser consciente de los problemas, fue incapaz o no hizo nada por solucionarlos y dejó que avanzaran.

Si las líneas de la influencia se elevan desde la línea de la vida, se muestran los esfuerzos realizados para mejorar el nivel de vida y si es lo larga indica el camino que sigue el dueño.

Interrupciones de la línea

Una vez alcanzada la mitad de la palma la línea se puede dividir de diversas maneras, pero cuando el cambio es mínimo, la persona está contenta y tiene el control de su vida. Pocas cosas le ponen triste y cambia con facilidad según el viento. Si sufre cambios, serán a una edad mediana. Para entonces, ya habrá conseguido la mayoría de los objetivos.

En este punto, la línea se verá fuerte, pero un poco más abajo puede empezar a desquebrajarse, mostrando signos de estrés. Ha sobrellevado demasiado y la línea lo avisa. Tendrá que adoptar medidas que mejoren la situación.

Línea de la vida y los viajes

Si la línea se curva bajo la bola del pulgar, al individuo no le gusta viajar ni estar lejos de casa, donde se siente seguro. Una línea que se extiende y acaba en el monte de la Luna indica el gusto por los viajes y las nuevas experiencias. Es la marca más clara de los viajes y se intensifica si aparece en ambas manos. Si se bifurca al final, revela una naturaleza incansable y se embarcará en actividades que lo reflejarán.

Imaginación

Si la línea de la cabeza es larga y fuerte, el lado imaginativo de la persona será bastante activo y se despistará con facilidad.

LÍNEA DE LA CABEZA

Siempre he considerado que esta línea es la más importante de la mano, ya que muestra el modo de pensar y razonar, percibir y creer del individuo, así como el modo en que aborda la información tras digerir todos los hechos. Pensamos y actuamos a nuestro modo y, como resultado, asumimos una forma de vida basada en este modo de pensar. Debido a las grandes diferencias de unos a otros, es de esperar que la línea de la cabeza empiece en sitios muy distintos y trace su propio camino.

Talento

La línea de la cabeza de la mano derecha muestra el desarrollo de los talentos que sugiere la línea de la mano izquierda. Cualquier diferencia apreciable revela los cambios que se han producido, o que se están produciendo. Cuanto más grandes son estas diferencias, más cambiará el carácter.

Incertidumbre
Si la línea de la cabeza empieza justo dentro de la línea de la vida, la toca o está un poco apartada de ella, indica incertidumbre o falta de confianza.

La línea ideal empieza muy cerca de la línea de la vida en el lado radial de la mano y se extiende por la superficie de la palma.

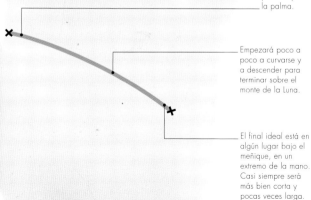

Empezará poco a poco a curvarse y a descender para terminar sobre el monte de la Luna.

El final ideal está en algún lugar bajo el meñique, en un extremo de la mano. Casi siempre será más bien corta y pocas veces larga.

Leer la línea de la cabeza

Línea de la razón
La línea de la cabeza marca la manera en que utilizamos la capacidad de razonar.

La línea de la cabeza podría nacer en cualquier lugar del monte de Júpiter, que indica el orgullo por los logros. A veces nace a poca distancia de la línea de la vida; cuanto más lejos, más imprudente e impulsivo se es, sobre todo si la mano es cónica. Podría adoptar un camino recto por el medio de la mano o inclinarse un poco. En ocasiones, baja hasta el monte de la Luna y puede terminar de repente, bifurcarse una o dos veces, adoptar forma de escobilla, desdibujarse o desaparecer.

Comparar las manos

Al comparar las líneas de las dos manos, una estará más arraigada. Si la más débil está en la mano derecha, el individuo será negativo, vacilante y sumiso. Pero si está en la mano izquierda, será razonable, positivo y ordenado. Habrá utilizado su iniciativa para liberarse de posibles restricciones.

Si ambas líneas tienen la misma intensidad y los mismos orígenes y siguen el mismo camino, el dueño experimentará pocos cambios.

Longitud

Una línea corta indica una naturaleza práctica, menos flexible que la media. El individuo se podría crear buena o mala fama por sus capacidades especiales. En la mano cónica, no suele apreciarse una línea corta que acaba bajo el dedo corazón, pero podría encontrarse en una mano cuadrada. Esto refleja un buen y práctico nivel de concentración, así como interés por asuntos mundanos y un don para lo rutinario. Una larga línea de la cabeza revela un pensamiento desordenado, pero con un enfoque más flexible. Esta gente tiene mucha imaginación.

Una línea larga que se extiende hasta el extremo de la mano, cortando la mano virtualmente en dos, es conocida como la línea de Sydney y muestra excelente control mental, una naturaleza inflexible y un gran egoísmo.

En ocasiones se verán manos cuya línea de la cabeza es irregula: Nace con fuerza, desaparece, reaparece, etc., lo que muestra dificultad para mantener la cabeza fuera del agua, es decir, capacidad de lucha. Las líneas de influencia u otras marcas en este punto de la línea de la cabeza deberían reflejar la causa. Cuanto más alto sea el nacimiento de la línea en el monte de Júpiter, más respetable será el carácter.

La doble línea de la cabeza

A veces se aprecia una doble línea que indica la capacidad de existir o trabajar en esferas totalmente distintas al mismo tiempo.

LA LÍNEA DE LA CABEZA

Como todas las líneas, la línea de la cabeza debería estar libre de cualquier marca de influencia a excepción de las líneas verticales que la cruzan. No debe haber puntos, barras, islas, cadenas o nada que la altere o borre. Cuanto más clara esté, más claramente se procesan pensamientos y cuanto más inclinada, más imaginación se tendrá.

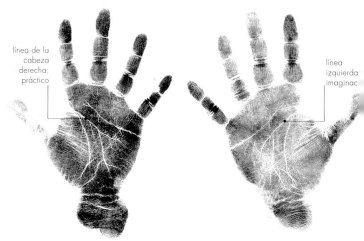

línea de la cabeza derecha: práctico

línea izquierda imaginac

Diversas líneas de la cabeza

Estas dos huellas pertenecen a una peluquera. La línea izquierda muestra una naturaleza imaginativa, pero no muy práctica. La derecha se inclina un poco hacia arriba, lo que sugiere que la dueña se dio cuenta de que su enfoque real o creativo podría dirigirse al lado más práctico de las cosas. Así que la mujer decidió trabajar como peluquera. Siempre que la línea de la cabeza se eleva, no importa cuánto, existe la capacidad de ganar dinero a través de talentos propios, para bien o para mal.

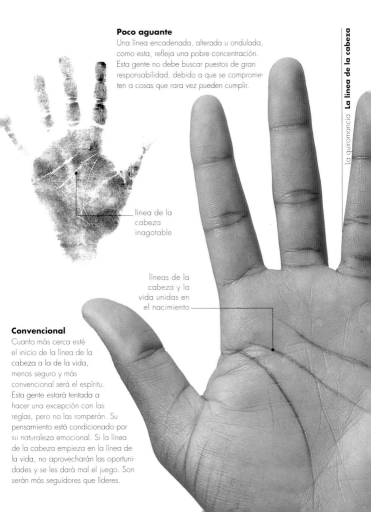

Poco aguante

Una línea encadenada, alterada u ondulada, como esta, refleja una pobre concentración. Esta gente no debe buscar puestos de gran responsabilidad, debido a que se comprometen a cosas que rara vez pueden cumplir.

línea de la cabeza inagotable

líneas de la cabeza y la vida unidas en el nacimiento

Convencional

Cuanto más cerca esté el inicio de la línea de la cabeza a la de la vida, menos seguro y más convencional será el espíritu. Esta gente estará tentada a hacer una excepción con las reglas, pero no las romperán. Su pensamiento está condicionado por su naturaleza emocional. Si la línea de la cabeza empieza en la línea de la vida, no aprovecharán las oportunidades y se les dará mal el juego. Son serán más seguidores que líderes.

Leer la línea de la cabeza

Imaginación
Una línea de la cabeza que se extiende hasta el monte de la Luna, refleja una mente imaginativa.

L a gente con una marcada línea ama la inactividad y cuanto más profunda sea, más egoístas serán. Un ancho vacío entre el inicio de la línea de la cabeza y el de la vida muestra una naturaleza impulsiva. Son ambiciosos e incapaces de llevar a cabo planes y molestan a la gente con su falta de tacto.

Cuanto más larga y más regular sea, más sentido común tendrá; cuanto más ancho sea el espacio, más pragmatismo; y cuanto más estrecho, más emocional será el carácter.

Línea de la cabeza y montes

Si la línea de la cabeza se eleva al monte de Mercurio, el individuo será frío: la emoción estará separada de las relaciones. Lo mismo sucede cuando la línea permanece más alta que la parte central de la mano, una vez más, todo sentimiento y calor desaparece de las relaciones personales. Si sucede en ambas manos, las emociones estarán sujetas a los deseos de la mente.

Si la línea se extiende hacia el monte de la Luna, el individuo tendrá una imaginación activa. Pero cuanto más abajo llegue, menos positivas serán las facultades mentales. Si desaparece al final, este rasgo se enfatizará.

Islas, bifurcaciones, y líneas de influencia

Una isla en cualquier parte de la línea de la cabeza sugiere debilitación del poder de toda la línea. Si se bifurca al final, muestra la existencia de elementos contrastivos en la vida, así como una mentalidad activa adecuada para el trabajo de investigación.

Si se bifurca hacia el final, la persona podría realizar dos carreras al mismo tiempo.

Las líneas de influencia que se salen de la línea de la cabeza muestran los esfuerzos de la persona por ascender. Las líneas que se caen, ponen de manifiesto lo que les cuesta tomar decisiones y sus consecuentes pérdidas.

Si la línea de la cabeza desaparece hacia el final, refleja la debilidad de la edad. Los que tengan esta línea deben bajar el ritmo y dejar responsabilidades de la forma más airosa posible. La mano avisa que las energías naturales disminuyen con la edad y se debe aprender a vivir con ello. Si la línea de la cabeza es más fuerte que la de la vida, predominará el lado intelectual.

La horquilla de escritor

Una pequeña bifurcación al final de la línea que se eleva un poco se suele denominar "la horquilla de escritor". No está limitado a la escritura, también abarca otras artes. Si una de las líneas alcanza la percusión, el dueño podrá alcanzar reconocimiento internacional (bueno o malo), dependiendo del esfuerzo.

Emocional

Una línea del corazón muy marcada sugiere que el individuo tiene profundas emociones.

LÍNEA DEL CORAZÓN

La línea del corazón controla las reacciones emocionales y el modo en que modelan el carácter y la personalidad. Asimismo, indica la salud del corazón y, en algunos casos, muestra defectos oculares y auditivos. Cuanto más curvada esté la línea del corazón, más emocional será el individuo; y cuanto más recta, será de naturaleza menos flexible. Una línea vaga podría revelar una persona muy sensible y un poco tímida.

La línea del corazón baja

Cuando esta línea está baja, las personas tienen sentimientos muy profundos al relacionarse con otros, sobre todo los jóvenes. Tienen las emociones a flor de piel y son más receptivos que los mayores.

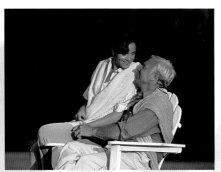

Lado afectivo

Se ha de observar la línea del corazón para ver la profundidad del entendimiento y el lado afectivo de nuestra naturaleza. La naturaleza física del amor y nuestras emociones se muestra a través de la profundidad de la línea: cuanto mayor y más recta, menos expresividad física.

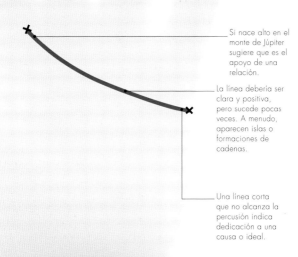

Si nace alto en el monte de Júpiter sugiere que es el apoyo de una relación.

La línea debería ser clara y positiva, pero sucede pocas veces. A menudo, aparecen islas o formaciones de cadenas.

Una línea corta que no alcanza la percusión indica dedicación a una causa o ideal.

Leer la línea del corazón

Línea del corazón corta
Una línea corta y recta situada en la parte superior indica una naturaleza fría.

Existen dos distinguidas escuelas de pensamiento que tratan esta línea. Siempre se ha aceptado que la línea nace en lado radial de la mano donde nacen las otras dos principales.

Debido a que las emociones son instintivas, hay quien piensa que la línea del corazón debe empezar en la percusión y extenderse a la zona radial de la mano. Por el contrario, esta afirmación ha producido una minoría de gente que afirma que la línea no puede tener ni un principio ni un fin, debido a lo que representa.

El hecho de que esta línea suele empezar con una bifurcación, mientras que las otras dos se suelen bifurcar al final, ha provocado discusiones.

La línea del corazón suele empezar sobre o bajo el monte de Júpiter, entre el índice y el corazón, o en el patrón de la mano del extremo radial, justo sobre la línea de la cabeza. Asimismo, podría nacer, con una bifurcación, en el monte de Saturno bajo el índice.

Si la línea del corazón empieza bien alto y se mantiene, revela una persona idealista. Si la línea se bifurca con una rama que proviene del extremo radial y la otra del monte de Júpiter, indica adaptabilidad emocional. A menudo, cuando esta línea se bifurca, una rama proviene del monte de Saturno y la otra del extremo radial, y una está más marcada que la otra.

Si la rama más fuerte se origina a un lado de la mano, el individuo será orgulloso y honesto. Lo contrario muestra un enfoque abierto y práctico, lo que, a menudo, se aprecia en las manos de cuidadores.

Longitud y densidad

Puede ser gruesa o fina, larga o corta, encadenada o con islas y no debe tener marcas de influencia, a excepción de las que la cruzan de forma natural. La línea muy marcada sugiere presión emocional con los consecuentes problemas de salud: preocupaciones, estrés y ansiedad. Esta línea puede parecer más oscura que las otras dos líneas principales y hay que confirmar las dolencias en otra parte de la mano.

Una línea corta, recta y alta indica una visión emocional muy fría, lo que se enfatiza si la mano es estrecha. Una línea baja refleja un carácter apasionado; y si la línea de la cabeza también está baja, mostrará posesividad.

La perfecta línea del corazón

La línea ideal nace bajo el índice y sigue un camino bastante curvado hasta la percusión. Esto indica una naturaleza emocional equilibrada de forma saludable y razonable. Cuanto más honda sea la línea, más físicamente se expresará la naturaleza; y cuanto más alta, mayor enfoque mental.

LA LÍNEA DEL CORAZÓN

Muy a menudo la línea del corazón es la más oscura o más marcada de la mano y sugiere que las personas obedecen sus instintos emocionales, a pesar de lo que les dice la mente o el sentido común. Cuando sucede esto, suele haber muchas líneas de influencia que se extienden por la palma hacia la línea de la cabeza. Cuanto más alta esté la línea del corazón en la parte superior de la mano, menos sucederá esto.

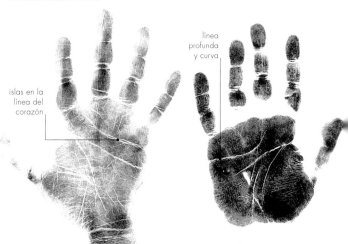

línea profunda y curva

islas en la línea del corazón

Islas en la línea del corazón

Una isla en esta línea, justo bajo el corazón, sugiere problemas auditivos, mientras que una bajo el tercer dedo refleja problemas de visión. Si aparece en ambas manos, estas dolencias se enfatizan.

Línea del corazón profunda y curva

Cuanto más profunda se extienda o se curve esta línea, más profundos serán los sentimientos. Asimismo, cuanto más recta y alta, mayor será el enfoque emocional.

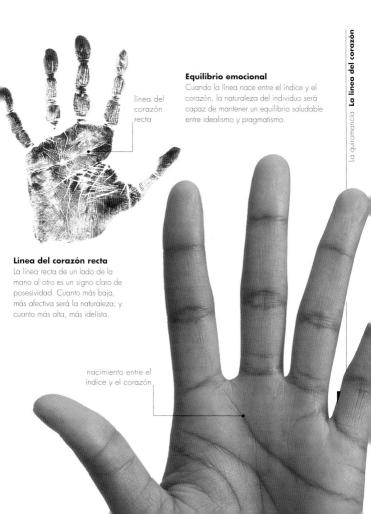

línea del
corazón
recta

Equilibrio emocional
Cuando la línea nace entre el índice y el
corazón, la naturaleza del individuo será
capaz de mantener un equilibrio saludable
entre idealismo y pragmatismo.

Línea del corazón recta
La línea recta de un lado de la
mano al otro es un signo claro de
posesividad. Cuanto más baja,
más afectiva será la naturaleza; y
cuanto más alta, más idelista.

nacimiento entre el
índice y el corazón

Leer la línea del corazón

Receptivo
*Si la línea es curva o muy pronunciada,
la naturaleza será más cálida.*

S i la línea del corazón acaba en
el borde externo, bajo el monte
de Mercurio, más bien sobre el
monte de Marte, indica una naturaleza
egoísta, fría e intolerante.

Si las tres líneas principales están
conectadas en el nacimiento, se
advierte un shock traumático en el
sistema, el tipo de incidente que no se
olvida y del que puede no recuperarse.

Una línea debilitada sugiere una
imagen menos apasionada, gente que
tiene aventuras por lo físico más que
por lo emocional.

También son más directos, con los pies
en la tierra, y autoprotectores. A pesar
de su imagen, son abiertos y amigables
hasta que los problemas se les echan
encima; entonces, sálvese quien pueda, y ellos son los primeros de la cola.

La línea del corazón con un
nacimiento bajo, entre el pulgar y el
índice, muestra una naturaleza
posesiva, que se enfatiza cuanto más
se extiende por la mano. Esta gente no
tolera el criticismo de aquellos en los
que confía y resulta difícil persuadirlos.

La gente con la línea del corazón
rectas, no son tan cálidos ni tratables;
están reprimidos y no es fácil
persuadirlos. La línea curva muestra una
naturaleza más expresiva, cálida, más
abierta y amigable.

La mano izquierda y derecha

A menudos son evidentes cambios signi-
ficativos entre las líneas del corazón en
un par de manos. Una línea bien marcada en la mano izquierda con una
línea más práctica en la derecha revela
sufrimiento en una relación anterior.

Lo contrario revela una pareja comprensiva que le sacó del ostracismo. Si las diferencias son pocas, muestra satisfacción.

Líneas de influencia

Varias líneas de influencia descendentes del nacimiento muestran un enfoque incansable. Esto puede llevar al extremo en que el individuo podría variar planes de viaje por el simple hecho de cambiar. Tendrá pocos buenos amigos, pero un gran círculo de conocidos. Sólo se le conoce de forma superficial; son las típicas personas que saben un poco de todo y de temas muy variados y se toman las cosas como vienen.

Líneas del corazón y salud

Los defectos dentales, de audición y vista se pueden encontrar en esta línea. Una pequeña isla en la línea bajo el dedo de Saturno sugiere problemas auditivos y puede que muestre miedo a las alturas.

Una isla en la línea bajo el dedo de Apolo se asocia con defectos de los ojos o de la vista. Tres o cuatro líneas verticales sobre la línea del corazón bajo el dedo de Mercurio indican problemas dentales.

Valores familiares

Un niño sin línea del destino en ninguna de las manos requiere una gran guía de sus padres.

LA LÍNEA DEL DESTINO

Puede que se trate de la línea más importante de las menores y, en la práctica, la trataré como la cuarta de las líneas mayores, debido a que es tan esencial observar si no está en la mano, como examinarla cuando está. De cualquier modo, debe prestarle tanta atención como pueda. Su influencia puede ser igualmente fuerte, tanto cuando está presente como ausente.

La línea del destino completa

Esta línea indica consciencia de las responsabilidades. La persona da todo lo que puede para mantener su papel, que también ayuda a establecer su posición en la sociedad. La gente con una línea completa es decente, honesta, lanzada y conoce su papel en la sociedad. A menudo trabajan en puestos donde la precisión es esencial. No se suele encontrar una línea completa en ambas manos, pero si es así, el poseedor tiene una apreciación intuitiva del entorno. Esto impone limitaciones debido a que controla los deseos y ambiciones del individuo, que podrían estar más allá de sus capacidades.

La línea del destino ausente

La ausencia de esta línea siempre muestra la falta de dirección. El individuo está preocupado e inseguro y poco orgulloso de sí mismo o de su apariencia.

La línea del destino nace en la muñeca y va directamente a la base del dedo corazón. Una variación de su camino hace que ya no se trate de la del destino, sino de una de tantas líneas asociadas: la consciencia, el destino, el entorno y el deber.

Leer la línea del destino

¿Presente o ausente?
*La línea del destino es
significativa esté presente o no.*

Esta línea es importante, ya que está relacionada con nuestra naturaleza y el enfoque de la vida. Ninguna de las otras líneas mayores tiene esta cualidad especial: si la de la vida, el corazón o la cabeza está ausente, no significa nada especial.

Si la línea del destino está ausente en las dos manos de un niño, necesita cuanto antes educación estricta y la enseñanza de los valores esenciales de la vida. Debe entender la diferencia entre la necesidad buena y mala, para que no eche a perder su vida.

El nacimiento de la línea

La verdadera línea del destino nace entre los brazaletes o sobre la línea de la vida del monte de Venus. Al estar dentro de la de la vida, el dueño está sujeto a los deseos familiares. Si es así, se ha de examinar la línea del destino donde se separa de la línea de la vida. Si parece más fuerte, cumplirá los deseos familiares e intentará darlo todo por su carrera. No obstante, si la línea del destino se debilita o desaparece, muestra que se ha abandonado el esfuerzo empezado. A veces empieza una nueva línea cuando ésta acaba; una línea fuerte indica confianza y esperanza futura.

La línea del destino, que nace en la línea de la vida revela una niñez controlada. El niño habrá tenido que trabajar duro para conseguir lo que tiene. Cuanto más alto nazca, más tarde seguirá la dirección escogida.

Esta línea también puede empezar en cualquier punto del monte de la Luna. Una larga y nítida línea en la base del corazón revela independencia y una naturaleza determinada. Puede que su éxito dependa de la aprobación pública: cantar, bailar, actuar o la política.

Un nacimiento bifurcado sugiere dos lados distintos de sus ambiciones. Si una rama proviene del monte de Venus y se fusiona con la del monte de la Luna, el dueño es consciente de lo que debe hacer respecto a los deseos familiares. La rama más fuerte revela qué ambición vencerá al final.

La línea del entorno

A veces aparece una línea corta entre la línea de la vida y del destino, pero acaba antes de llegar a la de la cabeza; es la línea del entorno, signo de problemas, que evita que el poseedor consiga su objetivo por mala salud, poco dinero o gente que interfiere sin motivo. Si la línea desaparece, también lo harán los problemas.

Poner fecha a los sucesos

Para información sobre la utilización de esta línea para poner fecha a los acontecimientos, ver pág. 196.

LA LÍNEA DEL DESTINO

No se debe subestimar la importancia de esta línea, esté ausente o presente. Si está ausente, no se tiene una dirección concreta. Si está presente, y casi siempre hay un trazo presente de esta línea, sin importar lo corta o larga que sea, el dueño tendrá algún objetivo en la vida. Esta línea mantiene un enfoque general equilibrado. Cuanto más fuerte sea, más autocontrol. Si es vaga, puede ser de naturaleza vacilante.

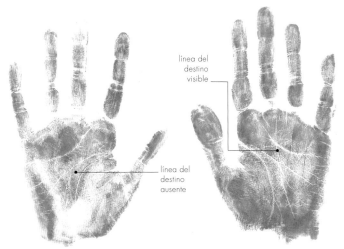

línea del destino visible

línea del destino ausente

Comparar ambas manos

Si la línea del destino se puede ver sólo en la mano derecha, es signo de alguien con la capacidad de mejorar y una gran iniciativa. Si sólo está en la izquierda, revela sueños y aspiraciones, pero poca capacidad de obtenerlos. Los siguientes ejemplos muestran una excelente línea en la mano derecha y ninguna en la izquierda.

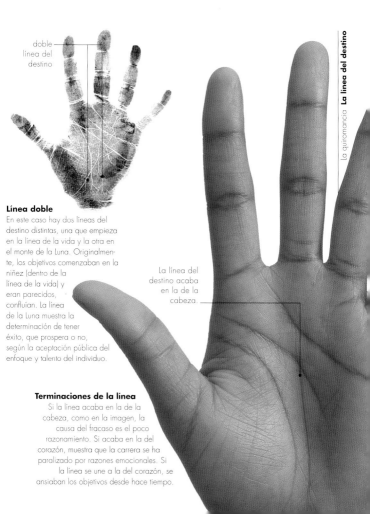

doble
línea del
destino

Línea doble

En este caso hay dos líneas del destino distintas, una que empieza en la línea de la vida y la otra en el monte de la Luna. Originalmente, los objetivos comenzaban en la niñez (dentro de la línea de la vida) y eran parecidos, confluían. La línea de la Luna muestra la determinación de tener éxito, que prospera o no, según la aceptación pública del enfoque y talento del individuo.

La línea del destino acaba en la de la cabeza.

Terminaciones de la línea

Si la línea acaba en la de la cabeza, como en la imagen, la causa del fracaso es el poco razonamiento. Si acaba en la del corazón, muestra que la carrera se ha paralizado por razones emocionales. Si la línea se une a la del corazón, se ansiaban los objetivos desde hace tiempo.

Leer la línea del destino

Variación
Esta pequeña variación de la línea del destino empieza en el monte de la Luna.

uanto más clara sea, más posibilidades de éxito, aunque esto no indica necesariamente fama y fortuna. La línea muestra cuánta satisfacción interior real el individuo obtendrá con su esfuerzo.

Cuando la línea es vaga al principio y se fortalece después, el dueño habrá experimentado un comienzo pobre antes de recibirlo todo. Cuando la línea del destino empieza en el monte de la Luna y se extiende hasta el dedo de Júpiter, siempre hay una buena motivación personal.

Ramificaciones

Si la línea se ramifica al final, el dueño tendrá objetivos tan diversos que no conseguirá nada de forma satisfactoria. A veces, cuando la línea del destino se ramifica, una rama se dirige al monte de Júpiter y la otra al de Saturno. Es importante el lugar dónde comienza a ramificarse: si es en la línea de la cabeza, puede que se trate de asuntos de negocios; mientras que en la del corazón, revela un cambio emocional.

Tradicionalmente un tridente al final de la línea es signo de buena suerte, pero sólo si se ramifica después de la línea del corazón. La línea del destino que va de la muñeca al dedo corazón sugiere una persona fatalista: todo le resulta una obligación; vive la vida con una rutina de la que no puede salir.

Alcanzar las ambiciones

Las líneas que desaparecen y reaparecen muestran períodos buenos y malos de la vida. La línea que nace entre la de la cabeza y el corazón implica una ambición antigua que se ha conseguido finalmente. Si nace en la línea del corazón, al principio le interesó como afición, pero se ha convertido en una carrera de éxito. Observe el patrón de la palma para verificarlo. Entre los dedos de Júpiter y Saturno se observará que una espiral se extiende a la palma, la espiral de un intento serio, que muestra que un deseo tan antiguo puede hacerse realidad.

Si nace entre la línea del corazón y la base de los dedos, la localización exacta del inicio será crucial: en el monte de Júpiter, un cambio de carrera; en Saturno, un puesto de responsabilidad muy deseado; en Apolo, una de las artes creativas; y en Mercurio, algo relacionado con los medios, depende de la forma de la mano.

El tiempo y la línea del destino

Partiendo de que se acepta que esta línea nace realmente en la muñeca y termina en la base del índice, se pueden calcular los años. Ya se sabe que cuando la línea del destino cruza la de la cabeza, este punto corresponde a los 35 años; y donde cruza la línea del corazón, a los 50.

Concentración
La gente con línea simiesca dirige su energía a la tarea que desarrollan como un ataque de ira y concentración.

LAS LÍNEAS SIMIESCA Y SYDNEY

La línea simiesca se crea cuando la línea de la cabeza se fusiona con la del corazón y produce una línea hacia la parte superior de la mano. Si sucede así, la línea se visualiza fácilmente, pero a veces, las dos líneas nacen separadas y forman esta línea, en cuyo caso parecerá fragmentada e incompleta. La línea de Sydney se forma cuando la línea de la cabeza parece extenderse por la palma en línea recta como partiéndola en dos.

Grandes logros
La gente con una línea simiesca es obsesiva: debe triunfar, tiene que ganar y no se desvía de sus ambiciones. Lo único que sabe es progresar, no necesariamente a gran escala, pero conseguir lo que se propone en cada momento. Si debe escribir una carta, tiene que hacerlo ya. También podría ser la compra o un viaje, no importa lo que sea, todo tiene una importancia exagerada.

Locos por el control

La gente con línea Sydney posee un control mental grandioso y no dejará que las emociones le afecten si hay una ambición en juego. Si esta línea se aprecia en ambas manos, el dueño será muy cruel y nada le hará parar hasta conseguir su objetivo.

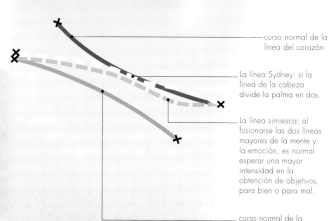

curso normal de la línea del corazón

La línea Sydney: si la línea de la cabeza divide la palma en dos.

La línea simiesca: al fusionarse las dos líneas mayores de la mente y la emoción, es normal esperar una mayor intensidad en la obtención de objetivos, para bien o para mal.

curso normal de la línea de la cabeza

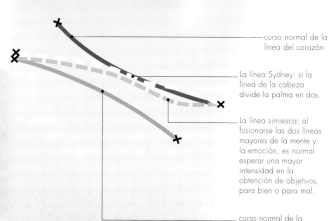

Las líneas simiesca y Sydney

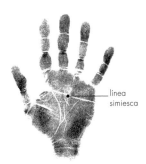

línea
simiesca

Perfección
*Esta huella muestra una línea
simiesca perfecta.*

La línea simiesca

Incluso la gente comunicativa e inteligente que tiene esta línea se pueden obsesionar con el poder. Se vuelven tan ciegos por las ansias de poder que nada ni nadie les puede apartar de ello y son incapaces de dirigir su talento como deben.

Siempre tienen un objetivo, parecen distintos, se nota su capacidad de control, de tener siempre razón y de no cometer errores. Quieren hechos, no probabilidades. Los compromisos sociales se eliminarán de su agenda y se convierten en máquinas eficientes. La popularidad personal es lo último en lo que piensan.

Si la línea simiesca es profunda, no se saben controlar las emociones, pero si está en una posición alta, domina la parte intelectual.

Si esta línea es bastante gruesa en su nacimiento, se trata de una persona fría y calculadora. Si está más marcada, hacia el borde de la mano, las emociones son instintivas. Una línea recta y gruesa que atraviesa la mano, muestra una naturaleza egoísta y materialista.

Una línea más vaga, implica una persona muy sensible, así como una gran intuición natural. Tiene reacciones rápidas, pero siempre dejan al descubierto la naturaleza egoísta. Esta gente suele ser incansable y no puede estar tranquila durante mucho tiempo.

La línea Sydney

Refleja gente que puede eliminar todas las emociones de sus vidas y actuar de manera fría y precisa, con tal de conseguir su objetivo.

Si se observa en ambas manos, el control mental ejercitado es formidable; es gente dispuesta a sacrificarlo todo por ganar. Si sólo aparece en la izquierda, muestra gente que no acepta ni críticas ni rechazos. Sin embargo, tienen una gran memoria, nunca olvidan ni perdonan lo más mínimo, sin importar si fue intencionado o no.

Si aparece en la mano derecha, lo único que revela es egoísmo; gente que se enorgullece mucho de sus logros y que no reconoce la ayuda. Pero también tiene un gran control sobre su vida emocional y sus reacciones.

No hay medias tintas

La gente con línea simiesca ama u odia con igual intensidad. No merece la pena llevarles la contraria, a menos de estar muy seguro.

LA LÍNEA DE MERCURIO
Esta línea ha tenido muchos nombres y puede que todavía se llame línea de la salud o hepática, línea del hígado, del estómago y, por último, de los negocios. Los estudiantes la suelen confundir con la de la intuición. Cuando está presente, sin importar si está bien o mal formada, la mayor parte de ella se sitúa en el lado inconsciente o pasivo y sugiere tener consciencia de la salud en sentido general.

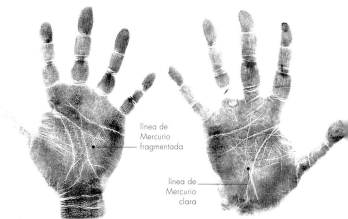

línea de
Mercurio
fragmentada

línea de
Mercurio
clara

Línea de Mercurio mal formada
Esta mano muestra una línea mal formada. La formación actual de las líneas no es significativa, debido a que la gente que tiene esta línea, tenga la forma que tenga, se preocupará por su salud, a veces, hasta el punto de la hipocondría.

Línea de Mercurio bien formada
Si la línea de Mercurio nace en la línea de la vida casi siempre hay una preocupación por la dieta y la salud. No les gusta tomar pastillas, jarabes o ninguna otra forma de curación y prefieren soporte el dolor de cabeza antes que tomarse algo.

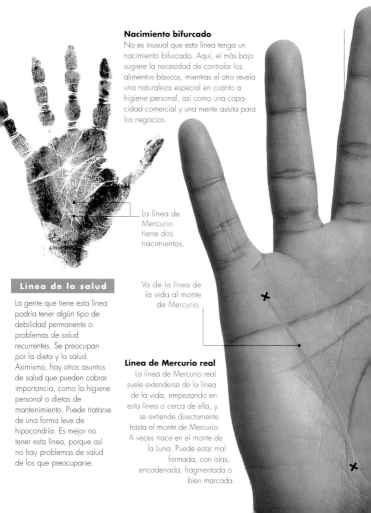

Nacimiento bifurcado

No es inusual que esta línea tenga un nacimiento bifurcado. Aquí, el más bajo sugiere la necesidad de controlar los alimentos básicos, mientras el otro revela una naturaleza especial en cuanto a higiene personal, así como una capacidad comercial y una mente astuta para los negocios.

La línea de Mercurio tiene dos nacimientos.

Va de la línea de la vida al monte de Mercurio.

Línea de la salud

La gente que tiene esta línea podría tener algún tipo de debilidad permanente o problemas de salud recurrentes. Se preocupan por la dieta y la salud. Asimismo, hay otros asuntos de salud que pueden cobrar importancia, como la higiene personal o dietas de mantenimiento. Puede tratarse de una forma leve de hipocondría. Es mejor no tener esta línea, porque así no hay problemas de salud de los que preocuparse.

Línea de Mercurio real

La línea de Mercurio real suele extenderse de la línea de la vida, empezando en esta línea o cerca de ella, y se extiende directamente hasta el monte de Mercurio. A veces nace en el monte de la Luna. Puede estar mal formada, con islas, encadenada, fragmentada o bien marcada.

La línea de Mercurio

Larga y recta
Una línea larga y recta podría sugerir que la persona se engaña y reprime a sí misma.

S i la línea de Mercurio nace en el monte de Mercurio, en la línea de la vida, refleja que el sujeto ha nacido para preocuparse. Puede que tenga un aparato digestivo débil y podría o bien evitar, o tomar regularmente vitaminas o remedios suplementarios.

Cuando la línea de la alergia (ver pág. 134) también está presente, la persona tendrá alergias, ya sean reales o imaginarias. En muchos casos han tenido todo tipo de enfermedades y les basta con hablar de salud y sufrimiento.

La línea de los negocios

Si comienza en la zona central de Marte, lejos y sin tocar la línea de la vida, la aversión a tomar pastillas y remedios es obvia. Cuando esto sucede, la línea se denomina línea de los negocios. Los grandes negocios, la industria y el comercio de todo tipo atraen a esta gente y la forma de la mano indicará las preferencias.

Esta gente parece tener un don natural para las finanzas. A menudo es el signo de un buen vendedor, alguien que es capaz de interpretar tendencias y sabe exactamente cómo y cuándo aprovechar la oportunidad de hacer dinero.

Si la línea de Mercurio cruza la línea de la cabeza, si es lo suficientemente larga, cualquier línea de influencia que pase por entre ellas suele indicar interés por lo oculto. El resto de la mano mostrará cómo se debe interpretar esto. Si la línea se fragmenta al atravesar la línea de la cabeza, el individuo tendrá diversos intereses y puede que le gusten los rituales y procedimientos formales.

Si esta línea tiene un número de segmentos que cruzan la línea de la cabeza sobre el monte de la Luna, su imaginación no tiene fronteras. Si la línea de la cabeza está ramificada y la línea de Mercurio cruza ambas ramas, la persona será hipersensible, con una mente que se preocupa por todo y por todos. En una mano vacía esto no será malo; pero en una llena la energía nerviosa del dueño se agotará y tendrá una salud enfermiza. Esta gente debe descansar regularmente.

Si la línea de Mercurio nace en la línea de la cabeza, la perspicacia para los negocios no será tan instintiva, sino se basará más en hechos y cifras. Si la línea cruza la línea del corazón y toca cualquiera de las pequeñas líneas verticales situadas a un lado del monte de Mercurio, esto será signo de un interés activo por las artes curativas.

Mano para los negocios

Una oficina moderna equipada con ordenador, Internet, fax, y escáner es el segundo hogar de estos vendedores natos.

CINTURÓN DE VENUS Y VÍA LASCIVIA

El cinturón de Venus es una línea pequeña y semicircular, o una serie de fragmentos, que suele nacer en algún lugar del monte de Júpiter, rodea el monte de Apolo y alcanza el monte de Mercurio sobre la línea del corazón. La vía lascivia es una pequeña línea horizontal o semicircular que conecta la base de los montes de la Luna y Venus, ambos relacionados con el grado de sensibilidad de la naturaleza del individuo.

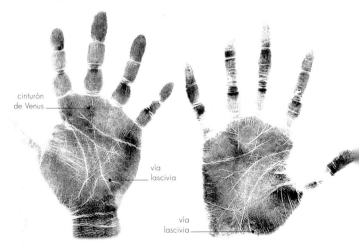

cinturón de Venus

vía lascivia

vía lascivia

Ambas líneas en una mano
La huella contiene el cinturón de Venus y la vía lascivia. El efecto de esta combinación puede desestabilizar a la persona si le falta o pierde el control y la autodisciplina con facilidad.

Vía lascivia
Esta línea acentúa la necesidad física de la estimulación y el dueño debe encontrar la oportunidad de desfogarse de vez en cuando. Si es recta, podría tratarse de la de la alergia.

Emocional y físico

El cinturón indica el grado de sensibilidad emocional y la vía lascivia, la sensibilidad física. En realidad no tienen nada que ver, pero parece que funcionan conjuntamente si se aprecian en la misma mano. Ambas líneas se suelen ver en una o en ambas manos; en una, pero no en la otra; o puede que no se aprecien en ninguna.

cinturón de Venus

vía lascivia

Cinturón de Venus y vía lascivia

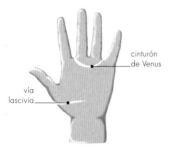

cinturón
de Venus

vía
lascivia

Coquetería
*Un cinturón de Venus ininterrumpido
sugiere un carácter coqueto.*

El cinturón de Venus

Se sitúa en la parte superior, entre el primer y cuarto monte, con una línea fragmentada o contínua, encadenada o con islas, larga o corta. Mide la sensibilidad, ya que está en la parte emocional de la mano.

Una línea ininterrumpida sin interferencias o errores sugiere confusión e inconsciencia en lo que se refiere al sexo, amor y el enamoramiento. La imagen general suele ser buena, con una naturaleza receptiva, pero el sujeto se exalta fácilmente y es indiscreto, coqueto y siempre dispuesto a tentar al destino con una relación irreal.

Si aparece en una mano cónica, el sujeto necesita estimular estos sentidos más de lo debido. En una cuadrada, el dueño sufre aprensión cuando se le provoca, hasta cuando es inocente. En una espatulada, está lleno de excitación nerviosa y busca sin cesar nuevos campos que conquistar. En una filosófica, experimenta una completa pérdida de control, después de concluir un proyecto. La mano mixta emocional no puede estar tranquila durante mucho tiempo y le dará por las habladurías, el juego o bien las drogas o el sexo, si la necesidad lo requiere. La mano elemental no suele mostrar el cinturón de Venus, pero si lo hace, su temperamento será turbio.

Si la línea está fragmentada, muestra que la intensidad emocional ha disminuido. Una línea corta refleja mayor control, pero todavía supone una naturaleza muy sensible.

La vía lascivia

Es una línea pequeña semicircular que conecta el monte de Venus con el de la Luna. Como el cinturón, puede estar fragmentada, encadenada, desgastada o con islas, y ser corta o larga. De hecho, esta línea varía tanto, que puede ser pasada por alto y se considera una marca de influencia menor.

Si la línea parece ser un simple puente entre estos montes, existe un deseo constante de estimulación física para combatir el aburrimiento. Probarán de todo en su búsqueda por eliminarlo y si les gusta, repetirán. Si la línea nace en el monte de Venus y serpentea hasta el de la Luna, cualquier exceso físico se considerará normal. En una mano blanda cuadrada o redonda, el dueño asumirá riesgos para lograr sus objetivos.

Combinación explosiva

Si estas líneas aparecen en una mano, se debe esperar de todo. Una mano firme disminuye los problemas, mientras que una blanda los añade.

LA LÍNEA DEL SOL

La línea del Sol o línea de Apolo es la línea hermana de la del destino que nace en cualquier lugar, pero siempre sigue su camino hasta la base del anular. Suele nacer en la línea de la cabeza o entre la línea de la cabeza y el corazón. Asimismo, puede nacer en la línea del corazón o sobre ella. Puede comenzar y terminar con dos pequeñas ramificaciones o en forma de tridente, tradicionalmente de la buena suerte.

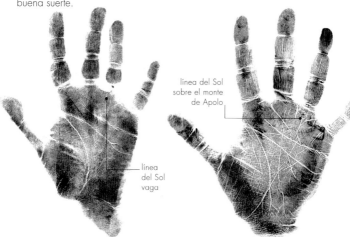

línea del Sol sobre el monte de Apolo

línea del Sol vaga

Ayudante ferviente

Una línea del Sol vaga sugiere una naturaleza interior alegre, alguien deseoso de hacer favores a los demás, cuando se le pida, y agradecido como corresponde en el caso que la reciba.

Persona práctica

Las líneas de la cabeza y el corazón están alineadas de tal manera que reflejan un enfoque práctico y con los pies en la tierra frente a la vida y a todos sus problemas inherentes. Pocas cosas le molestan, actitud que refleja la línea.

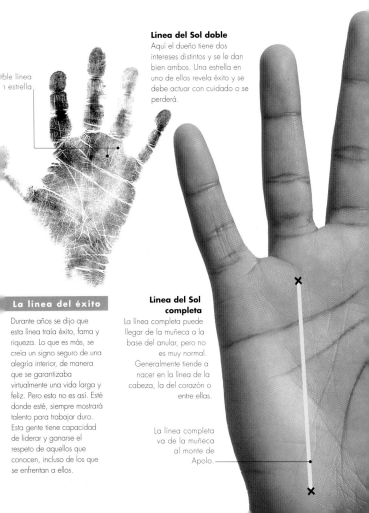

Línea del Sol doble

Aquí el dueño tiene dos intereses distintos y se le dan bien ambos. Una estrella en uno de ellos revela éxito y se debe actuar con cuidado o se perderá.

ble línea
n estrella

La línea del éxito

Durante años se dijo que esta línea traía éxito, fama y riqueza. Lo que es más, se creía un signo seguro de una alegría interior, de manera que se garantizaba virtualmente una vida larga y feliz. Pero esto no es así. Esté donde esté, siempre mostrará talento para trabajar duro. Esta gente tiene capacidad de liderar y ganarse el respeto de aquellos que conocen, incluso de los que se enfrentan a ellos.

Línea del Sol completa

La línea completa puede llegar de la muñeca a la base del anular, pero no es muy normal. Generalmente tiende a nacer en la línea de la cabeza, la del corazón o entre ellas.

La línea completa
va de la muñeca
al monte de
Apolo.

La línea del Sol

Trabajo duro
La gente con una línea del Sol completa trabajan duro para conseguir sus objetivos en la vida.

Si la línea del Sol empieza en la muñeca y se dirige directamente al monte de Apolo, la persona tendrá que trabajar duro para obtener sus objetivos. Cualquier recompensa proviene de su trabajo y no ha sido simplemente un premio.

Si la línea del Sol nace en la de la vida o en el monte de Venus, la familia siempre será un apoyo. Si nace en la línea de la vida o justo fuera de ella, la gente con mucha influencia siempre estará a un paso de esta gente.

Una línea que proviene del monte de Neptuno revela talento de consejero. Esta gente tiene un don para tratar con la gente, como intermediarios o sólo para escuchar y permitir que se desahoguen.

Una línea del Sol que provenga del monte de la Luna permite al sujeto gozar de una carrera pública como animador o político. Ambos necesitan la aprobación del público y esfuerzos constantes para mantener su posición.

Un nacimiento ramificado indica dos talentos extremos de la persona y si esta gente no está ante el ojo público, reflejará un interés dividido.

Si la línea del Sol nace en la de la cabeza, el exceso de determinación provocado por la fuerte sed de éxito será evidente. En muchos casos el que empieza más tarde consigue más que los que empiezan antes. Si la línea termina ante la línea de la cabeza, refleja una adversidad, algo de lo que la persona no se recuperará.

Si la línea del Sol nace en la línea del corazón, proporciona el empuje emocional extra para soportar el duro trabajo y sugiere que todo el esfuerzo y la energía será una cuestión de amor con poca ayuda externa. Si termina en la línea del corazón, puede revelar un decaimiento del estilo donde se pierde todo: posesiones, prestigio, honor y buen nombre. Suele deberse a motivos emocionales.

Si la línea del Sol y del destino convergen, se realizarán todas las ambiciones del sujeto, pero sólo a través del trabajo duro.

Ausencia de la línea del Sol

Una mano sin la línea del Sol muestra incapacidad de reconocer o entender las limitaciones personales. Esta gente siente que son inmunes a todo tipo de dolor e incapaces de, o se niegan a admitir, que han fallado. Si se observa una serie de líneas en una mano revela alguien versátil y de muchos talentos.

Carácter alegre

La gente con la línea del Sol suelen tener una disposición radiante, ver pág. 178-181.

LOS CUATRO ANILLOS

Hasta hace muy poco los quirománticos sólo observaban el anillo de Salomón, es decir, el pequeño círculo o línea sobre el monte del índice. En Oriente siempre se ha pensado que este anillo indica la sensación de deber u obligación, mayormente, en lo referente al derecho y el orden. Los otros tres anillos (Saturno, Apolo y Mercurio) se ven pocas veces, pero si es así, se notará su contribución al carácter.

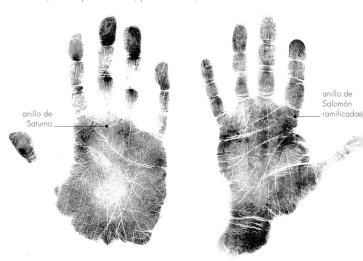

anillo de Saturno

anillo de Salomón ramificado

Anillo de Saturno
No suele verse y niega el equilibrio necesario para un carácter bien ajustado. Esta gente suele fallar a otros por alcanzar sus objetivos, ya que no parece llevarse bien con nadie en el trabajo o el juego.

Anillo de Salomón ramificado
Si viaja a través del monte en una sóla línea bien marcada, revela la capacidad de la enseñanza en dos áreas distintas.

Anillo de Salomón

El anillo de Salomón atraviesa el monte de Júpiter, casi siempre por el lado radial de la mano, hasta el borde del patrón de la palma entre el índice y el corazón. No rodea la base del índice, como hacen otros, pero se extiende por el monte, más bien por la parte superior.

Anillo de Saturno

El anillo de Saturno suele estar ausente, pero suele apreciarse a modo de línea quebrada que rodea la base del dedo corazón, muy cerca de la parte superior del monte.

Anillo de Apolo

El anillo de Apolo es una línea que atraviesa el monte por la parte superior, justo bajo la base del anular.

Anillo de Mercurio

El anillo de Mercurio rodea la base del meñique, a menudo, con formas fragmentadas.

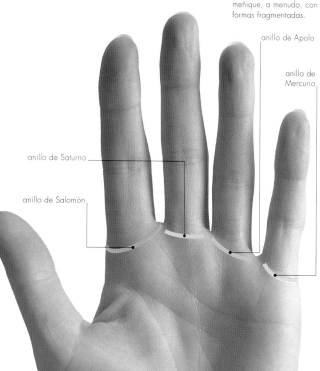

anillo de Apolo

anillo de Mercurio

anillo de Saturno

anillo de Salomón

Los cuatro anillos

Anillo de Saturno
No se dejan conocer, debido a que no confían en los demás con facilidad.

El anillo de Salomón

Como instructor, suele superar a todos, ya que sabe la forma de dar a conocer su mensaje. Tiene un aire autoritario que proviene de su conocimiento y que hace que la gente se pare y lo escuche. Si la línea forma parte de un cuadrado pequeño y definido en el monte, se acentúa la capacidad de enseñanza.

Una línea bien formada indica posición social, prestigio y sentido de la dignidad. La gente con esta marca son magistrados o se dedican a la política local. Pueden llegar a ser concejal o alcalde del ayuntamiento. Una carrera de éxito derivará en juez.

Entiende muy bien a la gente; tiene una simpatía natural con los otros. Los psicólogos de éxito suelen tener esta línea, y si la línea del corazón nace ahí, desarrollarán una gran carrera.

Una línea fragmentada que atraviesa el monte indica un enfoque básico y físico. La persona tiene una naturaleza muy sensual y un gran gusto por la comida y bebida y disfruta con indulgencias varias.

El anillo de Saturno

Es un anillo que se observa muy rara vez y no suele ser muy marcado; revela falta de espontaneidad y dificultad al relacionarse socialmente, lo que marca el carácter: un lobo solitario.

El anillo de Apolo

Es otra marca igual de inusual. Si está bien formado, ininterrumpido, se le conocerá por su especial talento creativo y artístico, sobre todo en el mundo del entretenimiento. Pertenece a esa gente especial con la cabeza bien erguida sobre las demás. Sin embargo, si caen, lo pierden absolutamente todo y sufren, ya que serán rechazados por todos. El anillo de Apolo fragmentado o mal formado revela mal gusto o poco juicio en todo lo referente a la presentación propia.

El anillo de Mercurio

Se trata de un caso muy extraño. Tradicionalmente ha sido considerado la marca de solterón. No muestra ninguna intención de casarse o vivir con alguien del sexo opuesto. No es un signo de homosexualidad; simplemente no se llevan bien.

En las manos de gente de negocios, indica un buen ojo comercial y fuerza para conseguir poder y posición, a menudo, a expensas de otros.

Asuntos sucios

Una anillo de Mercurio fragmentado muestra inclinación por verse relacionado en asuntos cuestionables, sobre todo de dinero.

AMOR, VIAJES Y FRUSTRACIÓN

Las líneas muestran el amor y el matrimonio en el borde de la zona de percusión, por encima de la terminación de la línea del corazón, justo bajo el dedo Mercurio. El tamaño de la mano y del monte de la Luna sugiere una persona que le gusta viajar, sobre todo si hay una línea horizontal que cruza la mano desde su extremo. Pequeñas líneas horizontales en las primeras falanges denotan irritabilidad y frustración.

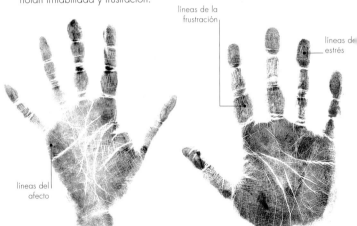

líneas de la frustración

líneas de estrés

líneas del afecto

Líneas del afecto

Las líneas horizontales del monte de Mercurio se solían utilizar para indicar el matrimonio y las verticales, para los niños. Hoy en día, las horizontales se consideran signo de relaciones serias que han dejado huella y las verticales, de amigos mútuos que ayudan a que todo vaya bien.

Estrés, ansiedad y frustración

Si se observan líneas blancas en las terceras falanges, la persona tiene mucha ansiedad y pocas energías. Suelen aparecer al final de un día duro o después de largos períodos de concentración. Las líneas verticales en las primeras falanges revelan frustración.

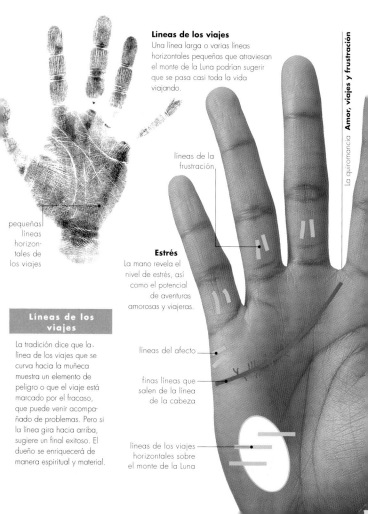

Líneas de los viajes

Una línea larga o varias líneas horizontales pequeñas que atraviesan el monte de la Luna podrían sugerir que se pasa casi toda la vida viajando.

líneas de la frustración

pequeñas líneas horizontales de los viajes

Estrés

La mano revela el nivel de estrés, así como el potencial de aventuras amorosas y viajeras.

líneas del afecto

finas líneas que salen de la línea de la cabeza

líneas de los viajes horizontales sobre el monte de la Luna

Líneas de los viajes

La tradición dice que la línea de los viajes que se curva hacia la muñeca muestra un elemento de peligro o que el viaje está marcado por el fracaso, que puede venir acompañado de problemas. Pero si la línea gira hacia arriba, sugiere un final exitoso. El dueño se enriquecerá de manera espiritual y material.

Reconocer las líneas de la frustración, uniones y viajes

Gusto por viajar
Las líneas horizontales del lado externo indican el incansable deseo de viajar.

Líneas de las uniones

Cuanto más oscuras sean estas líneas, más fuerte será la base de la relación. La primera barra pequeña del borde exterior justo sobre la línea del corazón sólo se separa 1 cm antes de unirse a ella. Esto refleja el primer amor del dueño, a menudo, la relación más memorable, relacionada con mucho cariño.

Una línea del monte de la Luna que se une con la línea del destino, indica una nueva pareja de igual fuerza, no siempre boda, aunque seguro que es una amistad cálida y humana, alguien con quien se pueda contar a las duras y a las maduras.

Líneas de los viajes

Cuanto más ancha y grande sea la mano, menos atrae la rutina y, por norma general, también apoyará esta idea, lo grande que será el monte de la Luna. Si es grande, firme y un poco prominente, revela gente que necesitan mantener el ritmo. Es gente incansable y que necesita viajar aunque sólo sea por la zona. Viven la vida de camino.

Una osada línea horizontal y claramente marcada desde extremo de la mano es el signo de viajar, a menudo, al otro lado de los mares y con la posibilidad de vivir allí una temporada. Si la línea es débil o tiene otras líneas menores, la persona viajará a otro continente. Las líneas cortas más pequeñas pueden indicar viajes, pero más cortos, como los de un mensajero.

Si una línea de estas atraviesa la de la vida, sugiere un peligro relacionado con agua. Pero cuando se introdujo esta interpretación, sólo se podía cruzar el océano en barco, el avión no existía. Hoy incluiría peligro por mar y aire.

Líneas de irritación y frustración

Si aparecen en todos los dedos, el dueño no puede luchar contra el estrés. Si las verticales también suben todo lo largo de los dedos, el estrés afectará seriamente a la persona. Si las falanges de la base parecen hinchadas o carnosas, se puede agravar, en cuyo caso habrá que fijarse en la línea de la cabeza. Si tiene una apariencia hinchada, también tendrá estrés mental.

Manchas blancas

Las manchas blancas en las uñas es otro síntoma de ansiedad. Si las manchas desaparecen, la tensión se liberará y, con ello, toda la irritación.

FAMILIA, LEALTAD Y BRAZALETE La línea
de la familia une la segunda y tercera falange del pulgar y es el único "anillo"
sin la impresión de estar cortado. Casi siempre parece estar mal formado,
fragmentado o encadenado. La línea de la lealtad puede ser tanto una
pequeña línea o una serie de líneas que cruzan la parte superior del monte
de Venus o el antiguo monte de Marte positivo. Los brazaletes se extienden
por la parte interior de la muñeca, justo bajo la palma. Normalmente, suele
haber uno, dos o tres, pero pueden ser más.

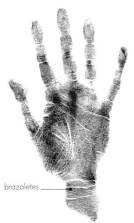

brazaletes

línea de la
familia

Brazaletes
Los estudiantes y los profesionales suelen
ignorarlos. Las líneas de los viajes que
alcanzan el anillo superior se han
considerado tradicionalmente signos
de viajes, para bien o para mal.

Línea de la familia
La línea de la familia muestra la solidaridad
con la familia, si está bastante bien formada.
A menudo, tiene forma de cadena que indica
que ciertas relaciones familiares se enfrían y
se calientan.

Línea de la lealtad

En la mayoría de las manos la línea de la lealtad suele estar bien marcada y hace referencia a una estrecha relación en el círculo familiar, a menudo, entre hermanos.

Asuntos familiares

Una línea de la lealtad bien formada que sale de la línea de la familia y que para antes de llegar a la línea de la vida refleja que los asuntos familiares se llevan bien dentro del núcleo familiar, un ejemplo de solidaridad.

línea de la lealtad

Brazaletes y viajes

En Oriente se dice que una línea de influencia que se origina en un brazalete y va hasta el monte de la Luna, muestra la afición de viajar; y más de una línea, es un claro signo de atracción por los viajes, aunque una de las líneas debe nacer en el brazalete más bajo. Si se aprecia un cuadrado en contacto con una de las líneas de influencia, revela protección durante el tiempo que dure el viaje. Una isla sugiere problemas. Una estrella al final de cualquiera de estas líneas presagia un final exitoso.

línea de la lealtad

línea de la familia

los brazaletes

La línea de la familia, de la lealtad y brazaletes

Relaciones estrechas
Los brazaletes y la línea de la familia muestran longevidad y vínculos familiares

La línea de la familia

En algunas manos la línea de la familia está muy marcada y es profunda. En otras, es casi indescifrable. Una línea bien marcada revela vínculos familiares estrechos, mientras que es inapreciable, si no hay mucho amor entre la familia cercana.

Si está bien marcada en la parte superior y menos en la inferior, sugiere que la infancia fue buena, pero que todo se ha echado a perder.

La línea de la lealtad

Puede que se origine en la línea de la familia y alcance la línea de la vida, lo que muestra gran lealtad o la necesidad de algún familiar, como padres o hermanos.

Si la línea nace en la línea de la familia, esta relación será aún más estrecha; si hay más de una línea y todas empiezan en la línea de la familia, poca gente entrará en el núcleo familiar. El buen nombre de la familia se guardará con celosía en todo momento y si las líneas permanecen dentro de la línea de la vida, todos los problemas se resolverán en la familia.

Los brazaletes

Tradicionalmente la quiromancia oriental los vinculó con la longevidad, pero en Occidente no se ha encontrado nada que apoye esto, aunque algunos nonagenarios han mostrado 3 ó 4 brazaletes y, alguna vez, la línea de la vida terminaba al cruzar un brazalete.

Si el primer brazalete de una mujer se curva en la base de la mano, indica dificultades con el aparato urinario y el genital y se asocia con problemas de la vesícula y la menstruación. Merece la pena mirar las manos de las niñas pequeñas, ya que si se aprecia esto a tiempo, evitaría algunos problemas adolescentes, que se agravarán si el siguiente brazalete también se curva.

Esta curva puede apreciarse, a veces, en la mano de un hombre, lo que sugiere problemas de próstata o similares. Tradicionalmente, se ha pensado que los brazaletes se asociaban con los viajes o con el deseo de realizarlos. Los brazaletes bien formados que cruzan la muñeca sin interferencias reflejan que el dueño no tiene la obsesión por los viajes.

Salud y éxito

En la tradición oriental de la quiromancia, cuatro o más brazaletes prometen salud y éxito junto con una larga y feliz vida.

LA LÍNEA DE LA INTUICIÓN

La gente con una presciencia natural, la capacidad de guíarse por un sexto sentido, suelen tener un monte de Neptuno pronunciado. Generalmente este don se manifiesta al conocer algo que va a pasar o que ha ocurrido a kilómetros de distancia. Para enfoque más práctico de esta segunda "vista", la consciencia o un simple instinto anticuado, se ha de observar la línea de la intuición.

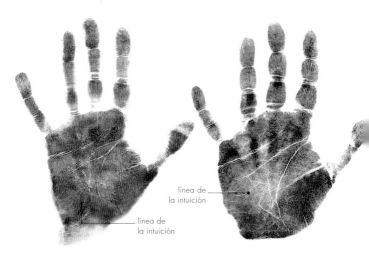

línea de la intuición

línea de la intuición

Línea baja

La línea de la intuición que esté baja sugiere que el dueño le da un uso práctico a su presciencia natural y podría ser capaz de responder a preguntas antes de que se hayan acabado de formular.

Perceptividad

El dueño de esta mano activa suele hacer bue uso de su línea de la intuición, ya que parece saber qué hacer o qué decir en el momento justo.

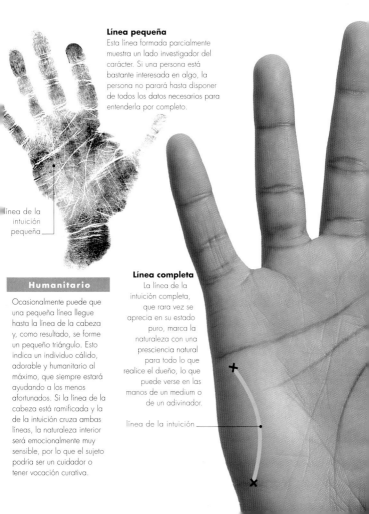

Línea pequeña

Esta línea formada parcialmente muestra un lado investigador del carácter. Si una persona está bastante interesada en algo, la persona no parará hasta disponer de todos los datos necesarios para entenderla por completo.

línea de la intuición pequeña

Humanitario

Ocasionalmente puede que una pequeña línea llegue hasta la línea de la cabeza y, como resultado, se forme un pequeño triángulo. Esto indica un individuo cálido, adorable y humanitario al máximo, que siempre estará ayudando a los menos afortunados. Si la línea de la cabeza está ramificada y la de la intuición cruza ambas líneas, la naturaleza interior será emocionalmente muy sensible, por lo que el sujeto podría ser un cuidador o tener vocación curativa.

Línea completa

La línea de la intuición completa, que rara vez se aprecia en su estado puro, marca la naturaleza con una presciencia natural para todo lo que realice el dueño, lo que puede verse en las manos de un medium o de un adivinador.

línea de la intuición

La línea de la intuición

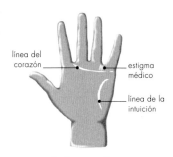

línea del corazón

estigma médico

línea de la intuición

Poderes curativos
*Una línea de la intuición con el estigma
médico revela talento curativo.*

La línea de la intuición es una línea pequeña y a menudo mal fragmentada que puede nacer en cualquier punto del monte de la Luna en el borde exterior de la mano y ascender hacia la parte superior. Se curva adentrándose en el monte de la Luna y termina casi en cualquier punto del monte de Mercurio.

No es normal que sea continua, ya que se puede confundir con las líneas de la influencia o tener una forma encadenada o aislada. Pero si forma una línea continua, muestra un gusto innato por el trabajo de investigación, alguien que tiene la paciencia de sumergirse en un mar infinito de información y obtener conclusiones satisfactorias. Esta gente normalmente ha tenido una buena educación, lo que se refleja en el modo de expresarse.

Más que estudiar al modo convencional, "absorven" y tienen fluidez de pensamiento, ya que saben las cosas sin ser consciente de ello. Debido a esto, de vez en cuando piensan que son adecuados para las ciencias ocultas y esto les ayuda a desarrollar sus dones cada vez más.

Con el entrenamiento adecuado, pueden convertirse en astrólogos, palmólogos, practicantes de tarot o cualquier otra cosa. Los mediums suelen tener marcas parecidas a estas en su mano izquierda, que muestran que el don es hereditario y que las artes proféticas le son naturales. Si la línea forma un triángulo con la línea del destino y la de la cabeza, se dice que es el tradicional signo de un vidente. El hipnotismo también es un campo adecuado para desarrollar su talento.

Cuantos más fallos haya en la línea, más débil será el talento: sólo un brillo o chispa ocasional. Generalmente, si la línea entera está presente, o buena parte de ella, el dueño tiene el don de hacer que los animales le obedezcan.

Si la línea está en ambas manos, el individuo tiende hacia las materias ocultas y suele convertirse en un buen medium. Si también muestra estigmas, el poder curativo es posible, apoyado por una fuerte intuición. Con la línea de la cabeza descendente y la curva creativa, podría ser un artista de la mente.

Estigmas médicos

Los estigmas médicos son unas 4 ó 5 líneas verticales cortas que se dirigen hacia el interior del monte de Mercurio, justo por encima de la línea del corazón. Indican interés por asuntos médicos, la pseudomedicina y todo lo relacionado con la curación.

Además, puede que a veces haya signos de hipocondria, así como estrés y ansiedad. Se sigue una rutina diaria, que no se altera un mínimo. También afecta a la dieta y la salud.

A veces estas líneas pueden reflejar problemas dentales, sobre todo si son muy profundas y están muy cerca unas de otras.

LA PRÁCTICA
DE LA QUIROMANCIA

Ya se han aclarado todos los principios básicos de la lectura de manos, por lo que Vd. ya está preparado/a para poner en práctica todo lo aprendido. Tiene todo lo necesario para empezar a practicar y debe hacerlo con regularidad, ya que este estudio depende de la habilidad práctica continua. No tenga miedo a equivocarse, todos lo hacemos, nos dediquemos a lo que nos dediquemos, así que, ¿por qué preocuparse? Intente no ofuscarse en una marca especial y concentrarse en los dones que sugiere, ya que puede haber otras marcas que no se han apreciado previamente y que no encajen con lo interpretado. La gente suele estar deseosa de que les lean las manos porque se trata de un estudio fascinante, y lo que es más, se trata de su asignatura preferida: ellos mismos.

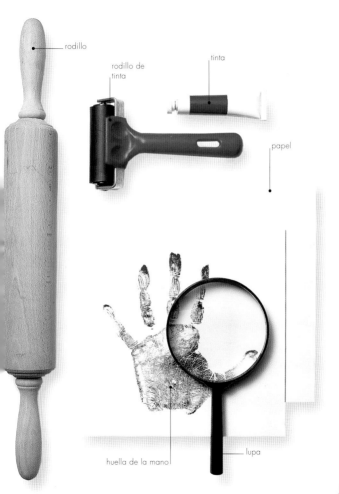

rodillo

rodillo de
tinta

tinta

papel

huella de la mano

lupa

159

Antes de comenzar

Inspección de cerca
Una lupa potente es esencial para analizar las líneas en detalle.

En Oriente muchos quirománticos siguen un ritual fijo previo a la lectura de manos. A menudo se atiende a los clientes al alba, ya que muchos creen que es cuando los dones del quromántico son mejores, la mente no está ocupada con otras cosas y nada le impide concentrarse.

Muy pocos utilizan lupas, pero insisten en que las manos deben estar limpias, bien secas y perfumadas, colocadas sobre un cojín y preparadas para que las lean. Se leen ambas manos y, debido a su conocimiento, estos quirománticos también utilizan la astrología para poner fecha a los acontecimientos del pasado y el futuro. Muy pocos quirománticos de Occidente siguen estos rituales y otros desaprueban su uso.

En Occidente la lectura de mano no implica astrología. No hay necesidad de proporcionar la fecha de nacimiento o el nombre. Si se leen las huellas, todo lo que un buen palmólogo debe saber es la edad y el sexo del cliente. Si se proporciona otra fecha, podría consultar libros de numerología o astrología, lo que es una ventaja ilícita, ya que no se trata de lectura de manos.

El tiempo de lectura es irrelevante. Hay que asegurarse de que la persona está sentada en una silla cómoda y tiene ambas manos bajo una luz clara. Siempre se debe tener una serie de huellas claras cerca y, en casos especiales, se toman huellas frescas antes de cada sesión.

Necesitará una poderosa lupa, una regla pequeña, un lápiz o bolígrafo y un par de compases. Si desea grabar la conversación también necesitará una grabadora.

Anotaciones

Hay muchos clientes que acuden con regularidad, por lo que conviene tomar notas. Una corta lectura sólo se da cuando el cliente quiere consultar un problema actual para el que pide consejo. Una lectura completa, con todos los detalles e informe escrito, podría llevar varias sesiones. La cinta grabada es entonces necesaria, así como las notas que no hay que olvidar.

Conviene tener un buen sistema de tomar notas debido a que, después de un tiempo, cualquier cambio en las manos, por pequeño que sea, se volverá evidente. Un archivador de 7,5 × 12,5 cm podría ser lo ideal. Se deben anotar los cambios y otros rasgos de análisis que pueden ser particulares de un cliente concreto.

Tomar huellas

Para obtener información adicional sobre la realización de huellas, ver pág. 46-49.

Observación

*Los dedos y las uñas también
requieren un análisis minucioso
antes de leer las manos.*

EJERCICIOS DE MANOS

Asumamos que se dispone de todo lo recomendado y que el cliente ya está en la habitación. Se tendrán que tener en cuenta unos cuantos detalles importantes, antes de examinar las manos. Siempre es importante tomar notas antes de proceder, para aclarar algún problema previo al análisis o durante él, de manera que nos ayude a esclarecer otros aspectos.

Flexibilidad

*Tome nota de cómo se
sitúan los dedos del
cliente cuando
están
relajados.*

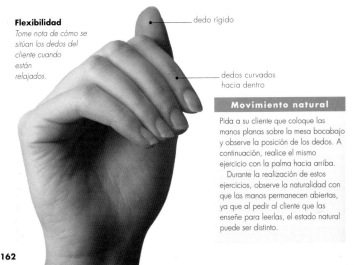

dedo rígido

dedos curvados
hacia dentro

Movimiento natural

Pida a su cliente que coloque las manos planas sobre la mesa bocabajo y observe la posición de los dedos. A continuación, realice el mismo ejercicio con la palma hacia arriba.

Durante la realización de estos ejercicios, observe la naturalidad con que las manos permanecen abiertas, ya que al pedir al cliente que las enseñe para leerlas, el estado natural puede ser distinto.

1 Se debe establecer contacto con las manos para notar si son duras o blandas. Las manos duras reflejan energía y actividad, las blandas no. Analice todos los montes para comprobar si son carnosos o huesudos, gruesos o finos. Observe el monte del ratón en el dorso de la mano, ya que es vital conocer la salud del cliente.

2 Compruebe la flexibilidad de cada dedo, cada falange por separado, seguido de los nudillos. Realice el mismo ejercicio con el pulgar. Examine las uñas con atención, ya que su color ayudará a comprobar la salud del cliente. Mire las puntas de los dedos, para ver si hay líneas blancas que sugieran estrés y ansiedad. Observe el estado de las manos, (calientes, frías o templadas; secas o húmedas) teniendo en cuenta la temperatura y el tiempo que llevan en la sala.

Mueva la muñeca con movimientos circulares.

mano curvada hacia dentro

3 Pida al cliente que abra las manos, las gire y las vuelva a cerrar con fuerza para permitir que la sangre fluya. Haga que las sujete por un lateral y las haga girar en movimientos circulares, con la mano hacia dentro, ya que esto también favorece la circulación. Algunos prefieren sacudir las manos con fuerza si no se sienten a gusto con los movimientos circulares.

4 Sujete la mano por la muñeca con la palma hacia Vd. y frótela enérgicamente durante unos segundos; haga lo mismo con la otra mano. Este ejercicio hace que las líneas de la mano sean un poco más prominentes por poco tiempo y proporciona la oportunidad de abordarlas, aunque sea brevemente.

Análisis de la mano

El contorno
Dibuje el contorno de la mano para observar el tamaño y la forma.

Vd. dispondrá de muchos conocimientos sobre el tipo de mano que va leer, cuando el cliente se la ofrezca y la valore por primera vez.

Ya habrá comprobado el estado de salud del cliente y la flexibilidad de sus manos, así como su tamaño, sin olvidar si el cliente es zurdo o diestro.

Al observar el modo en que posa las manos y dedos sobre la mesa, habrá descubierto algunos rasgos de su personalidad: si es uraño o generoso, abierto y amigable o preocupado y desconfiado.

El tamaño de la mano revelará cómo transmitir los descubrimientos y cómo hablar a la persona: de modo muy detallado, para aquellos que tengan las manos grandes o los dedos más largos que la palma; si son pequeñas o los dedos más cortos que la palma, dará una imagen general, evitando los detalles.

Diálogo

Lo primero que hay que hacer es evaluar el tipo de mano y observar básicamente si es redonda o cuadrada. Puede que haya una prolongación de la forma básica y deberá modular su valoración acorde con ello.

Una vez esté satisfecho/a de la descripción de los rasgos de la mano, no tenga miedo de preguntar para esclarecer detalles. Invite al cliente a realizar preguntas y establezca un diálogo lo antes posible.

Mientras Vd. habla, observe las líneas y así decidirá si el cliente tiene una mano llena, vacía o media. Muchas líneas que cruzan la palma le recuerdan que debe moderar lo que dice, ya que la imaginación del cliente estará muy activa durante toda la sesión.

La mano vacía tampoco es fácil y puede que produzca monosílabos como respuesta a preguntas difíciles de interpretar. La mano media pone las cosas fáciles hasta que se toca el punto sensible, entonces el cliente se irá en silencio. La experiencia le enseñará esto y cada vez será más capaz de ayudar al cliente con mayor facilidad.

El último paso, pero no menos importante, es el análisis de las huellas de las manos y los dedos, debido al papel que tienen en la personalidad. Cada vez que lea la mano, ganará experiencia, se sentirá más seguro/a y más capaz de ayudar a los que acuden a Vd.

Tener paciencia y escuchar

Aunque se quieran demostrar los nuevos poderes, siempre se ha de estar dispuesto a escuchar y descubrir lo que los clientes quieren contar, además de escuchar lo que están contando. Aprenderá mucho sobre la gente y sobre Vd. mismo/a.

Saltos y brincos
*Las palmas que son firmes son
signos de una constitución fuerte.*

LA SALUD Y LAS MANOS

Compruebe la firmeza y la elasticidad de las manos,
sobre todo en el centro de la mano. Si el centro es
firme, la salud actual es buena, pero si es blando en la mano derecha y firme
en la izquierda, la salud quebradiza que preocupa al cliente durará poco. Si
la línea de la vida se gira hacia el centro, se superarán con facilidad casi
todas las enfermedades y se tiene una constitución fuerte.

El ratón
*Haga que el cliente cierre el
puño para que pueda ver el
pequeño monte formado en
el dorso de la mano, al
lado del pulgar:
el ratón.*

Un ratón
firme es
signo de
buena
salud.

Extroversión/introversión

La gente extrovertida, más fuertes que un
roble, y la introvertida, tranquilos y callados,
se reconocen por el espacio entre las líneas
del corazón y la cabeza: el cuadrángulo.

Cuando el espacio es ancho, el poseedor
es físicamente más activo y sensato y sale
más. Cuanto más ancho, más acentuados son
estos rasgos. Si el espacio es estrecho, la
persona es más hogareña, alguien que deja
que el mundo pase de largo.

Cuando estos dos tipos pasan por períodos
de mala salud, la gente extrovertida está
nerviosa, irritable y muestra su enfado
físicamente; mientras que la introvertida, está
peor de lo que suele estar y puede que
disfrute de no estar bien para conseguir un
poco de comprensión.

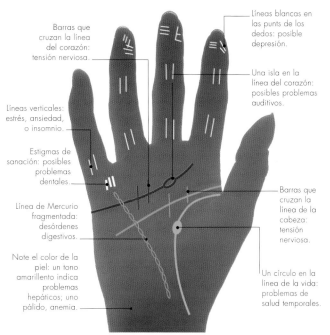

Barras que cruzan la línea del corazón: tensión nerviosa.

Líneas blancas en las punts de los dedos: posible depresión.

Una isla en la línea del corazón: posibles problemas auditivos.

Líneas verticales: estrés, ansiedad, o insomnio.

Estigmas de sanación: posibles problemas dentales.

Línea de Mercurio fragmentada: desórdenes digestivos.

Note el color de la piel: un tono amarillento indica problemas hepáticos; uno pálido, anemia.

Barras que cruzan la línea de la cabeza: tensión nerviosa.

Un círculo en la línea de la vida: problemas de salud temporales.

Signos especiales y la salud

 Una isla en la línea de la vida indica salud débil; en la del corazón, problemas auditivos o cardiacos.

 La necesidad de operar se apreciará a través de un pequeño triángulo, cruz o cuadrado en la línea de la

 vida, 2/3 en dirección a la muñeca. No significa que el poseedor se tenga que someter a una, sino que puede ser necesaria.

Una línea del corazón encadenada indica desórdenes vasculares; en la de la vida, una pobre constitución.

Salud y vitalidad

Aprensión
*Un fino trazado de líneas fragmentadas
indica hipersensibilidad.*

S i el monte de Venus es blando al
tacto y la línea de la vida parece
rodear su base como si limitara su
desarrollo, el poseedor no tendrá una
recuperación fácil. Una mano blanda
muestra indolencia y vagancia, así que
si ambas manos son blandas, conviene
aprovechar cualquier oportunidad para
tomarse un descanso del trabajo,
aunque sólo se trate de un resfriado.

La presencia de tres o cuatro líneas
verticales entre la base del anular y el
meñique, justo sobre la línea del
corazón, indican problemas dentales;
pero no los causan, sólo advierten una
predisposición.

Estrés y ansiedad

Si las dos falanges inferiores de todos
los dedos muestran líneas verticales, a
la persona puede costarle dormir. Si se
trata de una mano llena, le cuesta
desconectar. Las personas de altos
cargos tienen líneas verticales.

Las posibles causas de la depresión
pueden localizarse en diversos lugares
de la palma. La mano llena suele ser un
signo de ello, ya que la mente nunca
se relaja y la imaginación se desborda
a la mínima. Líneas blancas en las
puntas de los dedos son otro signo. Las
líneas verticales podrían reflejar un
período de desequilibrio hormonal,
mientras que las horizontales son el
resultado de un abuso: se han estirado
las reservas de energía mucho más de
lo que es saludable.

Sistema digestivo

Los desórdenes digestivos salen a la luz
si la línea de Mercurio está presente,
pero fragmentada, encadenada o con
formaciones de islas. Líneas pequeñas
de influencia, que se alzan del centro

de la zona de Marte hacia la base del anular indica problemas internos relacionados con el aparato digestivo.

Si la falange inferior del índice es muy blanda, el poseedor debe tener cuidado con lo que come y será aún más grave, si se aprecia la línea de la alergia en la base de la palma.

Problemas auditivos

Las dificultades auditivas se registran a través de una isla distintiva en la línea del corazón, bajo el dedo corazón. Para ver lo grave que es o podría ser, compruebe la flexibilidad de la punta del meñique. Si está rígida, se recomienda un chequeo; mientras que si es flexible, se trata de algo temporal, aunque le sirva el mismo consejo.

Ser prudente

A menos que posea conocimientos médicos no realice diagnósticos. Una palabra inapropiada, a veces, puede causar un daño inaudito. Si piensa que hay problemas, debería aconsejar al cliente que visite a su médico o se haga un chequeo.

Conciencia de la salud
La situación de las uñas puede proporcionar muchas pistas sobre el estado de salud y el modo de vida de la persona.

LA SALUD Y LAS UÑAS

Si somos o no observadores, lo primero en lo que nos fijamos en unas manos es el estado de las uñas. Pueden estar bien cuidadas o no. Las uñas de las mujeres y de algunos hombres puede que tengan esmalte de uñas, lo que no ayuda a evaluar el estado de salud actual. Un análisis de las uñas puede mostrar deficiencia mineral, tensión nerviosa y ansiedad, así como problemas vasculares.

Uñas cóncavas
Las uñas cóncavas suelen indicar problemas glandulares, seguramente provocados por insuficiencia sanguínea o una mala nutrición.

Uñas arqueadas
Las uñas arqueadas se conocen como las uñas hipocráticas y son un claro síntoma de problemas respiratorios o de pecho, como los causados por fumar mucho.

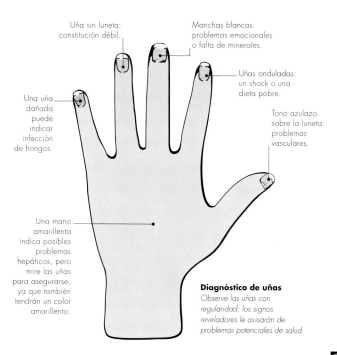

Uña sin luneta: constitución débil.

Manchas blancas: problemas emocionales o falta de minerales.

Uñas onduladas: un shock o una dieta pobre.

Una uña dañada puede indicar infección de hongos.

Tono azulazo sobre la luneta: problemas vasculares.

Una mano amarillenta indica posibles problemas hepáticos, pero mire las uñas para asegurarse, ya que también tendrán un color amarillento.

Diagnóstico de uñas

Observe las uñas con regularidad: los signos reveladores le avisarán de problemas potenciales de salud.

La salud y las formas de las uñas

La forma de concha indica generalmente salud quebradiza e hipersensibilidad.

Una uña en garra indica una dieta poco nutritiva.

Las uñas grandes y cuadradas indican predisposición para resolver los problemas.

Análisis de las uñas

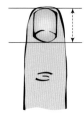

Crecimiento de las uñas
Una uña necesita seis meses para crecer, desde la raíz a la punta; las marcas de la uña se pueden datar con facilidad.

La uña se forma de una fuerte proteína llamada queratina y necesita unos seis meses para crecer desde la raíz en un proceso de crecimiento continuo. Cualquier marca en ella, como marcas blancas, barras u otras, pueden datarse fácilmente. Sin embargo, esto no incluye las ondulaciones verticales u horizontales que aparecen de repente debido a una dolencia, como el estrés o la ansiedad. Cuando pasa esto, indica debilidad, que tiene que ver con un desequilibrio glandular, orgánico o endocrino, lo que suele irritar y agotar.

Si se localizan manchas blancas en uñas mordidas, es signo de problemas emocionales o psicológicos que preocupan al individuo y afectan su salud. Si aparecen ondulaciones horizontales y longitudinales, un accidente reciente, un shock emocional o, simplemente, una dieta pobre pueden ser la causa. Cada uña debería tener una luneta clara y bien formada en la base, pero si la tiene, un problema temporal afecta a la constitución de la persona.

Las formas de las uñas

La uña corta siempre muestra una naturaleza aprensiva; la grande y cuadrada, gente que tiende a reprimir y controlar demasiado sus emociones.

La gente con uñas estrechas suele ser delicada y se cansa rápido. Un vago color azulado sobre la luneta sugiere un problema vascular.

La uña en forma de concha siempre refleja un estado de salud en declive que, a menudo, ha sido causado por un shock del sistema; la uña en garra refleja poca preocupación por la dieta, lo que acarreará problemas de salud. La uña almendrada agota su reserva de energía más de lo que es saludable.

Las uñas cóncavas muestran que el dueño padece problemas glandulares posiblemente debido a la mala circulación o malos hábitos alimenticios. Suele ser gente triste y decaída. Las uñas arqueadas o con forma de bulbo, también conocidas como hipocráticas, son un signo claro de problemas respiratorios, que pueden haber sido causados por fumar mucho.

La uña arqueada del dedo índice revela la predisposición de dolores de garganta, resfriados o dolencias respiratorias serias, quizás en su primera fase, pero que se agravarán si las otras empiezan a tener la misma forma o la línea de la cabeza está encadenada al principio o tiene islas al final.

¿Uñas pequeñas o grandes?

La gente de uñas grandes tiende a llevar una vida más pacífica, equilibrada y expansiva. La gente de uñas pequeñas son críticos y puede que de enfoque un poco restringido.

BIENESTAR Hay dos tipos de bienestar: el interior y el económico. Si Vd. se encuentra con alguien, sobre todo del primer tipo, intente evaluar sus acciones, y eche un vistazo rápido a sus manos, le podría ayudar a confirmar su evaluación. Cuanto más independientes y separados estén los dedos y más abierta la mano, más amigables y abiertas serán las personas, sobre todo si la línea del Sol está presente.

Mano agua
Esta gente florece donde son capaces de ejercitar sus poderes creativos plenamente, en la industria del entretenimiento o de la belleza.

Mano aire
Las manos aire disfrutan con dinero y posesiones, pero les gusta trabajar, para conseguirlo y presumir de ello.

Mano fuego
La mano fuego se regodea en el bienestar material. Esta gente tiene que tener algo, debe ser lo mejor.

Mano tierra
La gente de mano tierra son básicamente materialistas del orden natural de las cosas. Les da placer el hacer y el crear.

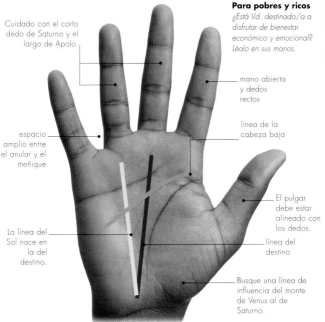

Cuidado con el corto dedo de Saturno y el largo de Apolo.

Para pobres y ricos
¿Está Vd. destinado/a a disfrutar de bienestar económico y emocional? Léalo en sus manos.

mano abierta y dedos rectos

línea de la cabeza baja

espacio amplio entre el anular y el meñique

El pulgar debe estar alineado con los dedos.

La línea del Sol nace en la del destino.

línea del destino

Busque una línea de influencia del monte de Venus al de Saturno.

Salud y signos especiales

Un tridente al final de la línea del destino siempre se ha considerado un signo de éxito material, pero nos empezamos a mover en la esfera de los antiguos quirománticos.

Una línea del Sol, una vez conocida como la línea de la fortuna, que nace en la del destino siempre ayuda si acaba en estrella. Una estrella al final de las antiguas líneas del

matrimonio en el monte de Mercurio, sobre la línea del corazón, se ha interpretado siempre como indicador de un "buen" matrimonio, que sugería estatus y bienestar económico.

Bienestar

Alineación
Cuando una persona estira la mano, hay que fijarse en el ángulo del pulgar respecto a los dedos.

Una mano "abierta" casi siempre representa una personalidad abierta, alguien a quien le gusta conocer a gente y estar con los demás. Esta gente resplandece al estar en compañía y se asegurarán de que todos se lo pasen bien, ayudando a que una fiesta vaya como la seda. Son buenos amigos en quien confiar.

Casi siempre tienen las manos abiertas; con los dedos rectos y no curvados hacia adentro como garras, como si ocultaran la palma, y el pulgar suele estar alineado con los dedos.

Si la gente enseña las manos, suele poner la palma hacia arriba; en ese caso, fíjese en el pulgar. Se parecerá a los otros y estará alineado o creará un ángulo, como si se opusiera a ellos. Si está alineado, se puede ver toda la parte interior claramente, la persona tiene poco que ocultar y es la alegría y el espíritu de todo acto social.

Si el espacio entre el meñique y el anular es grande, serán abiertos y libres respecto a sus sentimientos y pueden ser generosos, si están de humor.

Signos de bienestar

No hay ningún signo, marca o línea que indique directamente bienestar económico; pero hay un número de rasgos que muestran la posibilidad de adquirirlo. Sin embargo, la línea de influencia que va del monte de Venus al de Saturno revela una herencia familiar.

El tridente, signo atípico en la quiromancia occidental, siempre presagia bienestar material, sobre todo si está en el monte de Júpiter o de Mercurio. En el primer monte, refleja que la ambición se realizará; si se quiere dinero y posición y se está preparado para trabajar por ellos, se obtendrán. Si está sobre el cuarto monte más fino, revela que un buen sentido de los negocios proporcionará riqueza del mismo modo.

Una naturaleza amable, generosa y comprensiva siempre indicada por una línea del corazón baja; cuanto más baja, más cálida la persona. Esto es un signo claro de la comprensión de los problemas de los demás. Tienen buenos valores y compartirán su buena fortuna con rapidez.

El juego

Si la línea de la cabeza se curva hacia el monte de Mercurio, muestra la persecución despiadada del éxito material. Un signo atípico que se ha apreciado en las manos de gente que se ha hecho millonaria por sí misma. Según la tradición, una cruz sobre el monte de Júpiter muestra que se recibirá dinero no ganado. Hay que mirar siempre al dedo corazón de cualquier socio potencial. El dedo Saturno más corto que el índice revela una naturaleza jugadora, pero se ha de ir con cuidado, ya que esta gente sólo es de fiar cuando gana.

Armonía

La alegría y armonía en el trabajo o en una relación sentimental amor depende de la compatibilidad de las manos.

FELICIDAD

En la quiromancia se ha discutido poco sobre la felicidad interior y personal. No obstante, existen muchos indicadores que observar en la mano. Algunos tipos de manos son más compatibles que otros, por lo que se han de analizar las líneas para asegurarse de que se está sacando lo mejor de una relación.

Mano agua

Sensible a todo tipo de atmósfera, esta gente está en su mayor esplendor cuando pueden expresar al máximo su poder creativo.

Mano aire

A este tipo de mano le encanta ejercitar su cerebro con los puzzles que tanto le fascinan.

Mano fuego

A la gente de mano fuego le gusta mantenerse ocupada y obtener satisfacción al iniciar, proseguir o completar un proyecto por sus propios medios.

Mano tierra

La gente con mano tierra prefieren crear las cosas con sus propias manos y obtienen una gran satisfacción de los resultados.

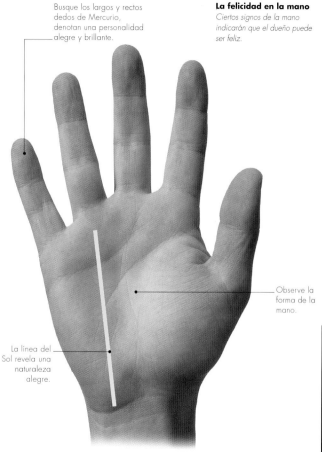

Busque los largos y rectos dedos de Mercurio, denotan una personalidad alegre y brillante.

La felicidad en la mano

Ciertos signos de la mano indicarán que el dueño puede ser feliz.

Observe la forma de la mano.

La línea del Sol revela una naturaleza alegre.

Felicidad

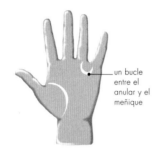

un bucle entre el anular y el meñique

Bucle del humor
*Un bucle entre el anular y el meñique
es signo de felicidad.*

Si el dedo de Mercurio es largo y recto, al menos, hasta el nudillo de la primera falange del índice, el poseedor cada día mostrará su felicidad interior y su sentido del humor.

Suele tener personalidad magnética e ilumina la estancia en la que entra. Con una palma blanda, se trata de gente que se ríe por todo, de carácter contagioso y que aprecia la buena vida y las cosas graciosas.

A veces se aprecia un bucle entre el anular y el meñique, signo de una naturaleza alegre. Si está inclinado

hacia el monte de Apolo, su sentido del ridículo y diversión serán evidentes.

Compatibilidad

Los distintos tipos de mano se pueden mezclar y llevarse bien con otra gente, en el trabajo u otras relaciones, casi tan bien como con los de su misma personalidad. Por ejemplo, dos personas de manos cuadradas pueden llevarse muy bien porque tienen los mismos objetivos, pero puede que discutan entre ellos por las normas.

Una mano cuadrada trabajando con una cónica medirán sus fuerzas al permitirle al otro que muestre su talento: uno es realista y el otro creativo. Una cuadrada tiene una motivación igual a la de una espatulada, ya que a ambos les gusta que las cosas se hagan.

La mano cuadrada puede que no encaje del todo con la filosófica, pero si lo intentan, lo consiguen. Dos manos cónicas o se compenetran bien o serán susceptibles y estarán malhumorados y no conseguirán hacer nada. Una mano cónica intentará trabajar con una filosófica, pero se trata de unir lo racional con lo irracional y mientras lo opuesto se atraiga…

La combinación de mano cónica y espatulada da como resultado un dúo capaz de resolver grandes problemas, pero la impaciencia puede que les haga no mantener la promesas. Y cuando dos manos filosóficas trabajan juntas, obtienen resultados excelentes, pero nunca están satisfechas con nada. Las manos filosóficas y espatuladas viven y trabajan en la cuerda floja y las broncas suelen ser frecuentes.

Dos manos espatuladas trabajarán hasta que se agoten, ya que ambos harán lo que sea para salirse con la suya, pero siempre estarán contentos mientras estén juntos.

La línea del Sol

La línea del Sol es un claro signo de una naturaleza brillante, con una buena disposición para todo. Los poseedores lideran e inspiran a través de la industria. Sin embargo, como todo, también desconectan de vez en cuando.

El momento oportuno

Mientras que Vd. y yo puede que introduzcamos los alimentos en el horno a la altura adecuada, con la temperatura correcta y conectemos la alarma que salte automáticamente, Anne lo pondrá todo junto, seguirá haciendo otras cosas y volverá en el momento justo.

CASO REAL: COCINERA

La cocina es una forma de arte, se debe tener un instinto para ella. Implica un trabajo físico manual, saber lo que hay que comprar y cuándo, así como conocimientos culinarios. También se ha de tener en cuenta la presentación; una cosa es prepararlo y otra servirlo.

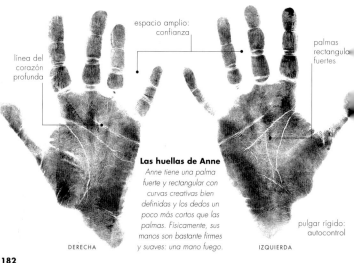

espacio amplio:
confianza

palmas
rectangula
fuertes

línea del
corazón
profunda

Las huellas de Anne

Anne tiene una palma fuerte y rectangular con curvas creativas bien definidas y los dedos un poco más cortos que las palmas. Físicamente, sus manos son bastante firmes y suaves: una mano fuego.

pulgar rígido:
autocontrol

DERECHA

IZQUIERDA

Mano fuego

Anne es de mano fuego, una persona activa y despreocupada, llena de ideas y que no teme ponerlas en práctica. Puede que, a veces, no le vea sentido a una discusión, ya que es un poco menos perceptiva que la mayoría, y, a veces, puede meter la pata. No obstante, generalmente vuelve a la tierra justo en el momento preciso: típico de la mano fuego. Pero puede ser debido a sus pulgares, algo rígidos, que sugieren un buen autocontrol.

Relajada, descuidada, pero muy sensible.

Pone buenas ideas en práctica.

La cocinera Anne

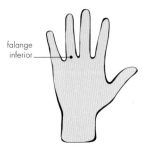

falange
inferior

Falanges inferiores alargadas
*Las falanges inferiores alargadas de
Anne revelan su talento en la cocina.*

Cada dedo tiene la falange inferior
alargada, sobre todo los dedos índice.
Esto siempre ha sido signo de alguien
que no sólo conoce los buenos
alimentos, sino que también sabe cómo
hacer que tengan el máximo efecto y
una antigua maestría en la preparación.

Creativa y sensible

En su mano derecha la línea de la
cabeza está un poco inclinada, lo que
muestra un interés por las artes creativas
más que por las ciencias, su mejor
modo de expresarse. Disfruta estando en
compañía y echando a menos sus otras
capacidades (la costura, la confección
la jardinería). La línea de la cabeza en
la izquierda revela un enfoque práctico.

La línea de la vida en la mano
derecha se extiende a lo largo de la
palma, mientras que en la izquierda se
aferra más. En sus primeros años debió
tener cuidado al expresarse y con su
entusiasmo natural por la vida. Sin
embargo, a medida que crecía y
maduraba, ha liberado esas tensiones
Ahora es mucho más despreocupada,

En las dos manos de Anne las líneas
de la cabeza y la vida nacen en
puntos distintos, con tan sólo líneas
de influencia que las unen, lo que
aumentar su autoconfianza. Aprovecha
las oportunidades y sabe hasta dónde
puede llegar o puede dejar que los
demás lleguen. El ancho espacio entre
los dedos refleja un amor independiente,
pero su profunda línea del corazón dice
lo contrario; es emocionalmente
dependiente, por lo que a veces tiene
una lucha entre necesidades y deseos.

pero todavía muy sensible. El cinturón de Venus está más marcado en la mano derecha que en la izquierda. Sólo llegará lejos si se tranquiliza y cambia, y aunque los que estén cerca no aprecien el cambio, otros puede que sí.

El corazón y el anular están inclinados el uno hacia el otro en ambas manos. Se preocupa más de sus problemas inmediatos y necesita una reafirmación constante de que está segura y tiene poco de qué preocuparse.

Aunque tiene una línea del destino firme en su mano izquierda, en la derecha es casi inexistente. Tuviera las esperanzas que tuviera, se han desvanecido. Sin embargo, ambas manos muestran el bucle de haberlo intentado en el patrón de las líneas entre el corazón y el anular, lo que indica que todavía se aferra a algunas de sus ambiciones.

Otros casos reales

Para conocer otros casos reales, ver a Phil en las pág. 186–189 y Alec en las pág. 206–209.

Habilidades informáticas
Phil es capaz de introducir en el ordenador los datos que haga falta para generar resultados y presentarlos ante quien corresponda.

CASO REAL: CONTABLE

El trabajo de Phil abarca diferentes análisis y procesos de verificación. Debe estar continuamente atento y aconsejar sobre la organización y metodología. Tiene que encargarse de los impuestos e interpretar y verificar todo lo que el gobierno y su empresa necesitan. Asimismo, debe tomar apuntes financieros de todo lo que sucede en la empresa y estar al día de las tendencias de los mercados, por si le piden que calcule el coste de negocios potenciales.

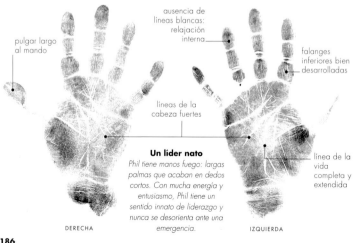

pulgar largo al mando

ausencia de líneas blancas: relajación interna

falanges inferiores bien desarrolladas

líneas de la cabeza fuertes

línea de la vida completa y extendida

Un líder nato
Phil tiene manos fuego: largas palmas que acaban en dedos cortos. Con mucha energía y entusiasmo, Phil tiene un sentido innato de liderazgo y nunca se desorienta ante una emergencia.

DERECHA

IZQUIERDA

Requerimientos del trabajo

Los requerimientos básicos de su trabajo son ante todo, educación, percepción, inteligencia y perseverancia. Debe expresarse con claridad y dedicarle mucha atención a los detalles. Debe abordar los hechos fácilmente y trabajar bien con gente de todos los ámbitos.

Con la llegada de la era del ordenador personal, también ha tenido que aprender a utilizarlo. Afortunadamente, desarrolló un don oara el trabajo de análisis de sistemas.

Se le dan bien los números.

atención al detalle

El contable Phil

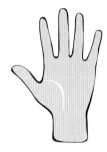

Incansable

La línea de la vida de Phil, completamente desarrollada, muestra la capacidad de soportar el trabajo duro.

Lo primero que se puede apreciar en las palmas de Phil es la fuerza de las líneas de la cabeza. Cuando tiene que hacerlo, aparta todo lo innecesario para concentrarse en los problemas del momento. En situaciones así, puede parecer despiadado, pero el trabajo es lo primero.

Siempre antepone los requerimientos de la empresa. Sus pulgares grandes mandan; no discuta con él a menos de tenerlas todas consigo, si no dejará clara la necesidad de precisión y atención al detalle en términos concisos.

Independiente y trabajador

Phil tiene una línea de la vida completa y extensa en ambas manos, lo que refleja la capacidad de trabajar duro durante mucho tiempo. Sus grandes palmas son firmes al tacto y con los montes en la posición correcta.

Tiene la pequeña necesidad de trabajar de forma independiente, lo que refleja la larga distancia que separa al meñique del anular en la mano izquierda. Como apoyo a esta teoría, observe cómo los índices están muy separados de los dedos de Saturno, lo que revela independencia de pensamiento.

Las falanges inferiores de todos los dedos están bastante desarrolladas. Hay un elemento muy fuerte de egoísmo, que no ayuda mucho en un ambiente social, pero que puede ser útil en ciertos momentos del mundo de los negocios. Seguramente se trata de un rasgo desarrollado debido a la profundidad de las líneas del corazón. La de la derecha está situada más baja que la de la izquierda.

Emocional y creativo

En el fondo es muy emocional, cálido y considerado, pero no confía en los demás hasta que no los ha valorado bien. Siente las cosas profundamente y no le haría daño a una mosca. Suele llevarse bien con todos: hombres, mujeres, niños o animales, a menos de que no tenga tiempo, claro. Es muy campechano y no le molesta nada, pero en el trabajo o con sus obligaciones es diferente.

La percusión en ambas manos señala curvas creativas, más prominentes en la mitad del borde externo. Si la curva es pronunciada en la parte superior de la palma, revela una naturaleza creativa e inspirada; si es más evidente en la base, tendrá un enfoque práctico. Si como aquí, está en el medio, puede crear y abordar las cosas de forma práctica. La mayor afición de Phil es la fotografía.

Otros casos reales

Para ver otros casos reales, ver el caso de la cocinera Anne en las pág. 182–185 y del ingeniero Alec en las pág. 206–209.

DATAR LOS HECHOS

No es posible predecir lo que pasará en un día específico o datar un acontecimiento, porque la quiromancia no es tan refinada, ni tampoco lo ha sido nunca. Las historias de predicciones brillantes, supuestamente del análisis de las manos, son apócrifas y puras invenciones. En Oriente la quiromancia está tan unida a la astrología, ya que el sistema de datar los acontecimientos utilizado por los quirománticos se basa obviamente en ella.

Adivinadores del futuro
Un adivinador lee la palma de una mujer que quería conocer lo que le deparaba el futuro.

Método del compás
Se dice que es un método más bien antiguo que utilizaban los gitanos errantes. Yo tengo mis razones para dudar de la autenticidad del método de los gitanos, pero, de todas formas, el sistema suele dar muy buenos resultados.

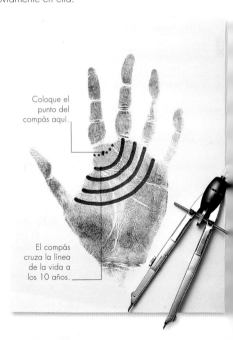

Coloque el punto del compás aquí.

El compás cruza la línea de la vida a los 10 años.

Tamaño de la mano

Los nuevos en la quiromancia cometen el mismo error básico de asumir que todas las manos son del mismo tamaño, pero no es así. Tenga en cuenta las manos largas o cortas y anchas o estrechas, así como las líneas. Una larga línea de la vida podría llegar hasta la muñeca, mientras que una corta puede llegar sólo hasta la mitad de la palma.

Método de la línea de la vida

1 Dibuje una línea imaginaria de la mitad de la base del índice en línea recta hasta la línea de la vida. Donde cruce la línea de la vida es la edad de 10 años aproximadamente.

2 Dibuje otra línea de entre la base del índice y el corazón en línea recta hasta la línea de la vida; esta intersección corresponde a la edad de 20 años.

3 Una tercera línea, esta vez de la base del dedo Saturno, cruzará la línea de la vida a los 35 años.

4 En casos muy extremos, se dibuja una cuarta línea desde el centro del anular, que cruza la línea de la vida hacia los 50 años.

La edad en la línea de la vida

La longitud de la línea de la vida se dice que alcanza los 70 años. Si usamos este método, no olvide ir preguntando al sujeto para obtener fechas concretas.

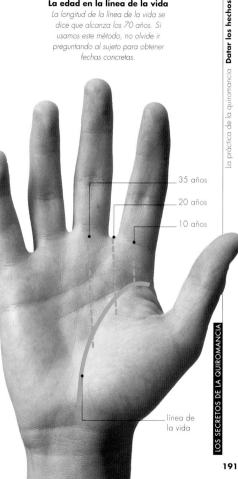

35 años

20 años

10 años

línea de la vida

Datar los hechos

Las uñas y las fechas
*Es posible datar los períodos tomando
como guía las marcas de las uñas.*

E s posible datar ciertos acontecimientos, pero sólo en un corto período de tiempo, como máximo unas semanas. Esta información se encuentra en las uñas, que se renuevan enteras en seis meses, por lo que cada marca se puede medir en base a esto.

Una marca a medio camino, sugiere un acontecimiento o incidente, que podría ser el comienzo de un período de enfermedad, que tuvo lugar tres meses antes. Si la lectura tiene lugar el 1 de junio, el incidente podría haber ocurrido entre el 20 de febrero y el 10 de marzo; no se puede precisar más.

Sin embargo, a pesar de las suposiciones, existen varios sistemas de datar los hechos y todos tienen algún valor.

Los lectores pueden experimentar con el que yo considero el mejor y más fácil.

El método de la línea de la vida

Este primer método (ver pág. 191) no tiene en cuenta el tamaño de la mano o lo profundidad de las líneas, pero puede ser muy preciso, sobre todo en los primeros años. Será de gran ayuda que la persona vaya citando hechos mientras Vd. establece la edad.

Después de los 35 años, el sistema puede dejar de funcionar. La línea de algunas personas se alza lo suficiente como para encontrarse con otra. Sin embargo, en estos casos atípicos en que se dibuja una cuarta línea desde el centro del anular, marca los 50 años.

Una vez adoptados estos pasos, la línea debe ser recta para poder medir el tiempo en el resto de la línea de la vida. Se pueden datar eventos con este método a través de otras líneas.

El método del compás

Coja un compás y coloque la punta en el medio de la base del índice.

Coloque la otra punta en el medio de la base del dedo corazón.

Mantenga este primer punto fijo y dibuje un arco con el otro hasta que cruce la línea de la vida. El punto en que se cruzan, representa los 10 años.

Sin mover el compás del punto del índice, extienda la otra punta hasta la base del dedo de Apolo y dibuje un arco hasta cruzar, una vez más, la línea de la vida. Esta vez el punto en que se cruzan ambas líneas representa la edad de 30 años.

Una vez más realice otro arco desde la base del anular hasta que se cruce con la línea de la vida. El punto en que se encuentran ambas líneas representa los 50 años. Como la esperanza de vida antiguamente no era tan alta como la de hoy en día, este era el nivel de la experimentación.

Cuanto más viejo, más sabio

Cuando se diseñaron estas técnicas, no mucha gente sobrepasaba los 50. Así que, cualquiera con esta línea, pasaba a ser más respetable.

Estrellas y palmas
*En Oriente los sistemas de
datación en la quiromancia están
unidos a los signos del zodíaco
de la astrología.*

DATAR LOS HECHOS De la
misma manera que se utiliza el método del compás o el de
la línea de la vida, se pueden emplear otros para medir los
hechos cronológicos a través de la línea del corazón, el
destino y el Sol. El éxito de estos métodos depende de lo marcadas que
estén las líneas en las manos, una vez más, se invita al lector a experimentar.

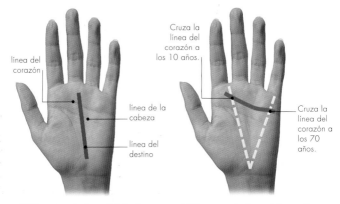

línea del
corazón

línea de la
cabeza

línea del
destino

Cruza la
línea del
corazón a
los 10 años.

Cruza la
línea del
corazón a
los 70
años.

El tiempo en la línea del destino
*Se pueden establecer períodos cronológicos
según los puntos en que la línea del destino
cruza la de la cabeza y del corazón.*

El tiempo en la línea del corazón
*Dibuje una línea imaginaria
desde el centro de la base de la palma a
los dedos de Júpiter y Mercurio.*

Método del hilo

1 Coloque una punta del hilo en la línea de la vida y dóblelo siguiendo la línea hasta el final. Si la línea se bifurca, el hilo debe seguir a la rama más fuerte.

2 Cuando llegue al final de la línea, corte el hilo.

3 Doble el hilo por la mitad y vuélvalo a colocar al principio de la línea. El punto hasta donde alcance el hilo doblado, es la mitad de la línea de la vida y representa los 36 años de edad. Márquelo en la misma mano.

4 Vuelva a doblar el hilo y repita el ejercicio. Esta vez, el final del hilo representa la edad de entre 18 y 20 años. Vuelva a doblar el hilo y obtendrá la edad de entre 9–10 años.

5 Repita el ejercicio en la mitad superior de la línea, desde el punto marcado anteriormente para establecer los períodos cronológicos de otras edades más avanzadas.

Medir las curvas

Coloque un hilo de algodón a lo largo de las curvas de la línea de la vida, y doble el hilo según el método explicado, para medir el tiempo y establecer períodos.

Coloque el hilo sobre la línea de la vida.

Corte el hilo en el punto donde acabe la línea de la vida.

Datar los hechos

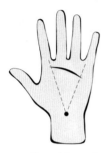

Línea del corazón
Los gitanos median el tiempo con la línea del corazón.

Método del hilo

Esta idea tiene mucho sentido común; y, una vez más, anímese a experimentar, ya que este método también ha dado muy buenos resultados. Esta idea tan sabia requiere el uso de un hilo corto y una regla (ver pág. 195 para los pasos a seguir).

Este ejercicio funciona tanto con la línea del destino, como con la del Sol, ya que la idea de dividir y subdividir puede dar muy buenos resultados. No obstante, como con otros métodos, no funciona con todo el mundo. Pero si se combina con la estrategia de preguntar, la precisión obtenida puede sorprender.

Método del Sol y del destino

Puede que Vd. utilice cualquiera de estos sistemas con la línea del destino, pero si la línea está fragmentada no sirve. La mejor idea es encontrar el centro exacto de la base de la mano y medirlo hasta la línea de la cabeza, como si la otra estuviera completa, ya que cruza la de la cabeza entre los 35–36 años y la del corazón a los 45.

La línea del destino, esté ausente o presente, está dividida en dos entre la de la cabeza y la base de la mano, de manera que el punto medio representa los 18–20 años. Divida por la mitad cada parte para obtener otros años.

Método de la línea del corazón

Trace una línea imaginaria del centro de la base del dedo de Júpiter al centro de la base de la mano. Trace otra línea para medir la distancia de la base del dedo de Mercurio hasta el medio de la base de la mano.

El punto en que la línea del índice
cruza la línea del corazón representa la
edad de 10 años, siempre asumiendo
que la línea del corazón está
físicamente en ese punto. En algunos
casos, la línea del corazón puede
nacer más adentro, puede que bajo el
dedo de Saturno. El punto en que la
línea del meñique cruza el final de la
línea del corazón, representa los 70
años. El medio de entre los dos puntos
en que se cruzan, representa la edad
de 35–36 años. Utilice el método de
división y subdivisión para obtener
otras edades.

Algunos quirománticos modernos
tienen otros métodos y puede que
comiencen su evaluación del tiempo
donde los tradicionalistas lo acaban.
Una vez más, se invita a los lectores a
experimentar los diferentes métodos.

Tiempo de preguntas

Hay que preguntar siempre cuando se pone en
práctica estos métodos, para poder precisar en
mayor grado las fechas de algunos hechos.

ORIENTACIÓN PROFESIONAL

En una lectura de manos se pueden descubrir los puntos fuertes y débiles de una persona; la forma y las líneas de las manos pueden mostrar el potencial del poseedor para tener éxito en ua área determinada. Para acertar las cualidades de alguien, primero se ha de observar el tamaño y la forma de la mano, prestando particular atención a la posición y tamaño de los dedos.

Mano de líder

Un líder natural posee manos abiertas, con dedos rectos y pulgares grandes.

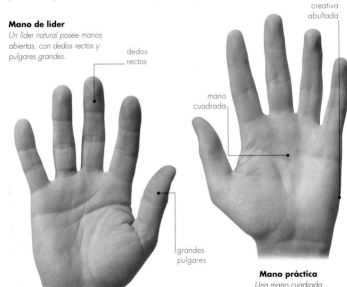

curva creativa abultada

dedos rectos

mano cuadrada

grandes pulgares

Mano práctica

Una mano cuadrada normalmente denota una persona práctica, esta mano muestra la curva creativa un poco abultada.

Mano creativa

Esta es la mano de una persona creativa que es muy sensible y, probablemente, un seguidor. El bajo nacimiento del meñique muestra incompetencia.

Mano de un seguidor

Estas manos pequeñas son las de un seguidor, definitivamente un asistente que hará todo lo que le manden.

dedos largos
y de puntas
redondeadas

Mano redonda

La mano redonda de palma alargada y dedos largos indica alguien que seguirá una carrera en las artes creativas.

palma
alargada

Orientación profesional

Pulgar de líder
Las manos de líder a menudo tienen pulgares largos al mando.

P ara establecer la dirección en la que se mueve la carrera de la persona en cuestión, establezca el papel que la persona mejor podría adoptar: el de líder o el de seguidor. Debe comprobar si es un líder con supervisor, tiene madera de jefe o se le da mejor seguir las instrucciones.

Líder

Los líderes tienen muchos talentos, pero es mayor la sensación de poder que irradian. Esta gente suele tener manos que parecen grandes comparadas con su cuerpo. La gente con rasgos de liderazgo suele tener manos abiertas, dedos rectos y pulgares grandes.

El pulgar casi siempre estará opuesto a los dedos y un pulgar fuerte de la mano derecha, con un compañero izquierdo débil siempre es signo de que la persona tiene un carácter fuerte y un buen control personal.

Seguidor

Las manos de un seguidor suelen ser más pequeñas de lo normal y del tipo "cerrado", con los dedos encurvados hacia la palma. El índice suele ser más pequeño que el anular y toda la mano será suave al tacto.

Si el nacimiento del meñique es bajo, la persona se sentirá fuera de lugar en cierta manera. El nacimiento bajo del índice revela falta de autoconfianza y no le gustará estar en el punto de mira. Si ambos dedos nacen muy abajo, reflejan mucha sensibilidad, alguien a quien se puede hacer daño muy fácilmente, con palabras o acciones.

Práctico o creativo

Como ya hemos aprendido que las manos cuadradas son prácticas, las redondas creativas, etc. ahora debemos reconocer la forma. La gente práctica no es siempre un buen líder, ya que son conscientes de la necesidad de conseguir un trabajo y pueden tener problemas con las reglas.

La gente creativa tiene muchas líneas en sus manos debido a que sus mentes no suelen descansar. A menos de que sea firme al tacto y los dedos más largos que la palma, suelen preocuparse más por el presente y no pueden hacer planes de futuro.

La mano pequeña y estrecha prefiere trabajar en la trastienda y se le suelen dar bien los números. La mano grande y ancha prefiere el aire libre y necesita estar libre de restricciones para trabajar bien, igual que la mano espatulada.

Forma de la mano

Para más información sobre las formas de las manos ver pág. 14–15 y 22–29.

¿QUÉ PROFESIÓN?

Utilizando las ideas de páginas previas como guía, aquí se ofrece una pequeña lista de carreras y de cómo se adecúa la mano a ese trabajo (algunas le sorprenderán). Estas profesiones y vocaciones tan distintas requieren lo que parecen disposiciones específicas; pero los que tienen éxito en sus trabajos, suelen tener estas formas y marcas de alguna manera.

El mundo del espectáculo

Un actor suele tener una curva de la vida pronunciada del monte de Júpiter y el cinturón de Venus para marcar su sensibilidad emocional.

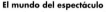

Construcción

Las manos de un trabajador de la construcción serán cuadradas y mostrarán unos montes bien desarrollados, tanto en la parte superior de la mano, como en la inferior.

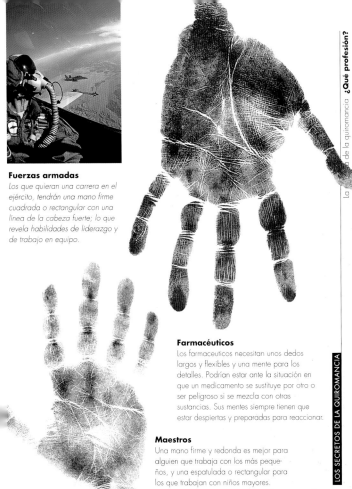

Fuerzas armadas

Los que quieran una carrera en el ejército, tendrán una mano firme cuadrada o rectangular con una línea de la cabeza fuerte; lo que revela habilidades de liderazgo y de trabajo en equipo.

Farmacéuticos

Los farmacéuticos necesitan unos dedos largos y flexibles y una mente para los detalles. Podrían estar ante la situación en que un medicamento se sustituye por otro o ser peligroso si se mezcla con otras sustancias. Sus mentes siempre tienen que estar despiertas y preparadas para reaccionar.

Maestros

Una mano firme y redonda es mejor para alguien que trabaja con los más pequeños, y una espatulada o rectangular para los que trabajan con niños mayores.

203

¿Qué profesión?

La mano de cocinero

Un buen cocinero tendrá los montes de Júpiter y Venus bien desarrollados.

Farmacéuticos

Necesitan largos dedos para realizar su trabajo minucioso. Los pulgares deben ser largos y flexibles. Con una línea de la cabeza larga e inclinada tiene ventaja. La línea del corazón debe estar bien equilibrada, nacer entre los montes de Saturno y Júpiter y descender bastante.

La construcción

Los montes dactilares de un trabajador de la construcción y las falanges inferiores se desarrollan por su duro trabajo.

La línea de la vida bien marcada revela una robusta naturaleza, esencial para los elementos resistentes.

Jardinería o ganadería

Sugiere una mano grande y cuadrada o rectangular con dedos abultados. Se requiere pragmatismo y atención cuando hay planes por delante. Las falanges inferiores estarán desarrolladas. La falangina del dedo de Saturno será más larga que la media, signo tradicional del jardinero o ganadero. La línea de la cabeza no debería ser muy larga. Para este trabajo se requiere una mente práctica con un poco de flexibilidad.

La enseñanza

Un índice largo es esencial para la disciplina. La línea del corazón debe comenzar en el monte de Júpiter y acabar bajo el monte de Mercurio. En la línea de la cabeza, se ve si la persona será buen profesor: de arte, si la línea es larga y descendente hasta la parte superior del monte de la Luna; de ciencias, si es recta.

Las fuerzas armadas

Esta es una mano firme rectangular o cuadrada con la línea de la cabeza bien equilibrada, sólo un poco alejada de la de la vida; de montes muy desarrollados y una línea del destino muy marcada, que muestra la capacidad de dar y acatar órdenes. El centro de la mano, la zona de Marte y el ratón deben estar llenos para una buena salud. La línea del corazón debe nacer en el monte del índice y ser recta para que esta gente triunfe cuando los ascienden.

El mundo del espectáculo

Una mano así tiene que ser un poco más larga de lo normal; pulgar flexible y largo; línea de la cabeza descendente y acabada en la parte superior del monte de la Luna; y la del destino larga y recta, del monte de la Luna al índice, que revela determinación y sencillez mental.

Chef o cocinero

Para saber lo que implica ser una buena cocinera, ver el caso de la cocinera Anne, pág. 182–185.

Habilidades de ingeniero

Un buen ingeniero necesita unas habilidades organizadoras excelentes, así como la requerida atención a los detalles, ya que trabaja con maquinaria compleja.

CASO REAL: INGENIERO

La electrónica tiene que ver principalmente con el control instrumental y de automatización de los ordenadores y equipos de telecomunicaciones. Ambas disciplinas requieren un gran nivel de competencia. Alec ha sido ingeniero jefe de producción durante más de diez años y su trabajo incluía todo tipo de tareas durante todo el tiempo que duraron sus obligaciones.

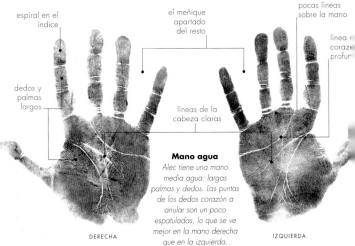

espiral en el índice

el meñique apartado del resto

pocas líneas sobre la mano

línea c corazo profur

dedos y palmas largos

líneas de la cabeza claras

Mano agua

Alec tiene una mano media agua: largas palmas y dedos. Las puntas de los dedos corazón a anular son un poco espatuladas, lo que se ve mejor en la mano derecha que en la izquierda.

DERECHA

IZQUIERDA

Ingeniero de profesión

Después de obtener el título en ingeniería eléctrica y electrónica, Alec empezó a trabajar para una empresa televisiva, donde se encarga de la maquinaria que otros utilizan para rodar películas o vídeos y ayuda a combinar programas. Tiene que asegurarse de que cuando se transmite material de difusión se haga con la mayor calidad. Cuando hay un error, tiene que restablecer el programa lo antes posible.

En casa se dedica a las artes creativas.

buen ojo para el detalle

El ingeniero Alec

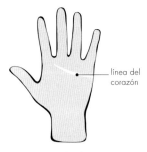

línea del corazón

Profunda
*La línea del corazón de Alec muestra
fuertes emociones y calidez, siente
las cosas muy profundamente.*

Practicalidad y organización

Alec debe mantener los pies firme sobre la tierra porque se suele quedar prendado de las cosas con facilidad. A pesar de tener opiniones fijas y puntos de vista convencionales, su palma rectangular revela una naturaleza más extrovertida. Insiste en que todo tiene un lugar y en que hay un lugar para todo.

Se le da bien organizar y disponer actos para y con otros. Es su segunda naturaleza, ya que siente que merece la pena.

Creatividad y energía

Ambas palmas muestran curvas creativas claramente definidas. La de la mano izquierda se alza un poco más que la de la derecha. Con tan pocas líneas en ambas manos, se podrían describir como vacías. Tiene las cuatro líneas mayores y unas pocas líneas de influencia menores.

Ambos pulgares son fuertes y las líneas de la cabeza revelan que se puede concentrar durante largo tiempo. Sin embargo, sabe relajarse y liberar

Para el tipo de trabajo detallado que tiene siempre Alec, las manos son más pequeñas de lo normal. Pero compensa con las claras líneas de la cabeza y los dedos situados de forma equitativa a lo largo de la parte superior de la palma, lo que revela mucha autoconfianza.

La gente de manos agua reacciona demasiado emocionalmente y es muy sensible. Le afectan los cambios de humor, color y atmosféricos, y su humor es predeciblemente impredecible.

tensiones cuando finalmente termine. Estas manos pequeñas y firmes, para su tamaño, sugieren mucha energía para todo lo que se proponga y sólo muestra un ápice de vagancia, ya que ambos montes de Venus están bastante altos y se extienden bien en la palma.

Ambición

Se aprecia un claro bucle de ambición entre el anular y el corazón, así como otro de humor entre el meñique y el anular. Es ambicioso y tiene planes de futuro, refleja independencia y no dejará que mucho se interponga en su camino, pero conoce sus límites.

Entre todos los bucles ulnares de las puntas de los dedos, muestra una espiral en el índice derecho, que intensifica sus ideales y ambiciones, pero, a veces, muestra su orgullo. Nunca le mande algo, debe pedírselo.

Otros casos reales

Para consultar otros casos reales, ver La cocinera Anne en las pág. 182–185 y El contable Phil en las pág. 186–189.

Lo desconocido
Las líneas de influencia y las marcas especiales pueden dar pistas de lo que nos depara.

LO IMPREDECIBLE
Nadie debería decir que puede prever el futuro. Sin embargo, mucha gente envuelta en las artes predictivas (la astrología, las cartas del tarot, las runas y la quiromancia) pueden y suelen hacer declaraciones sobre el futuro. Afirmar que Vd. puede hacerlo no es legal en Gran Bretaña, pero hacerlo está permitido.

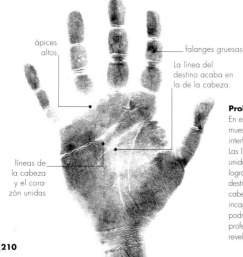

ápices altos

falanges gruesas

La línea del destino acaba en la de la cabeza.

líneas de la cabeza y el corazón unidas

Problemas en la profesión
En esta huella los ápices muy altos muestran mucho idealismo, lo que interfiere en la toma de decisiones. Las líneas del corazón y la cabeza unidas indican incapacidad de lograr un objetivo. La línea del destino se acaba en la línea de la cabeza, signo de que la incapacidad de tomar decisiones podría paralizar el avance profesional. Las falanges gruesas revelan una naturaleza egoísta.

Líneas blancas

Líneas horizontales
Las líneas horizontales que cruzan la falange superior de Júpiter revelan inseguridad. Si se aprecian en los dedos de Apolo y Saturno acentúan problemas matrimoniales. En el dedo de Mercurio, indican problemas de comunicación.

islas en la línea del corazón

Problemas auditivos y oculares
Observe las islas en la línea del corazón, ya que reflejan problemas oculares y auditivos potenciales.

Líneas verticales
Podrían indicar un desequilibrio hormonal. En el dedo de Júpiter denotan posibles problemas de la glándula pituitaria. En el dedo de Saturno, una disfunción de la glándula pineal. El aparato cardiovascular podría verse afectado si se ven en el dedo de Apolo (glándula timo), mientras que en el meñique indica problemas de tiroides.

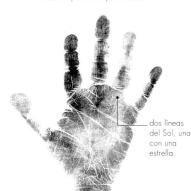

dos líneas del Sol, una con una estrella

Éxito doble
Dos líneas del Sol denotan dos carreras exitosas, la estrella enfatiza el éxito.

El tiempo en las manos

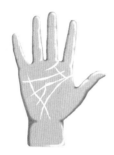

Mirar hacia el futuro
*Analice las manos para buscar marcas
especiales y líneas de influencia.*

Cualquiera puede hacer una
predicción, sin importar sobre
qué. Tras el reconocimiento, el
médico podría decir confidencialmente
si el paciente se sentirá bien o no en
unos días. Asimismo, un quiromántico
puede predecir actos futuros basándose
en lo que ha encontrado en las manos.
Si evalúa bien el carácter del cliente,
será capaz de predecir sus reacciones
en circunstancias concretas. Si acepta
esto, podrá apreciar que, al mirar las
manos, también ve líneas de influencia
sobre cuestiones que aparecerán

después, las interpreta y se pronuncia
como corresponde. Este libro contiene la
información de cómo hacerlo, Vd. sólo
debe recordar dónde encontrar las
respuestas.

Predecir acontecimientos

Si las líneas de la vida de ambas
manos están fragmentadas en el mismo
punto, el quiromántico aconsejará
prudencia, ya que esto revela un
posible accidente serio.

Si en una mano hay un cuadrado en
el punto fragmentado, podría indicar que
aunque es probable que el accidente
tenga lugar, la persona se recuperará.
También puede indicar un disgusto
emocional, un cambio de dirección junto
con un cambio de estilo de vida.

Una pequeña línea de influencia que
va de una de las líneas del afecto, las
antiguas líneas del matrimonio, a la
línea del corazón, revela un disgusto,
divorcio o ruptura con la pareja. Si la
relación era bastante seria, uno de los
dos o ambos se mudarán. La línea de
influencia podría ir de la del corazón

hasta donde se une la primera línea de influencia y formar una línea hasta la de la vida. Esta puede parecer debilitarse en ese punto o a partir de él, lo que indica un cambio de modo de vida. Para intentar poner fecha a esto, juzgue el momento en que la línea de la vida se une a la de influencia. Si es posible evaluar el momento en que la línea de influencia se separa de la del corazón, esto apoyará la teoría.

Vd. debe establecer períodos temporales con rapidez y profesionalidad. Para esto último, utilice el método del hilo y básese todo lo que pueda en la línea de la vida. Corte un trozo de hilo y trace la línea con él de principio a fin, después corte el hilo. Dóblelo en dos, vuélvalo a colocar sobre el principio de la línea, el punto en que acaba el hilo representa la edad de 35 años. Y así sucesivamente.

Datar los hechos

Para más información sobre el establecimiento de períodos cronológicos, ver pág. 190–197.

ASUNTOS FUTUROS

No tenga miedo de preguntar. Una vez domine su práctica y aprenda a descubrir los aspectos que sobresalen del pasado de su cliente, éste querrá conocer su futuro. Esta guía, que contiene conocimientos muy antiguos, le ayudará a extraer datos más específicos, pero hablar sobre todos supondría un libro tres o cuatro veces mayor que éste.

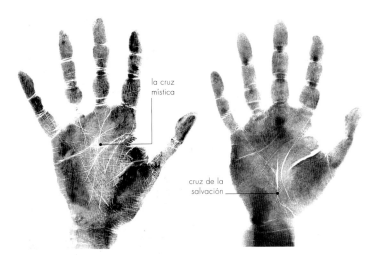

la cruz
mística

cruz de la
salvación

La cruz mística

Se trata de una cruz claramente definida, que se encuentra bajo el dedo corazón entre las líneas de la cabeza y el corazón y muestra un interés sobre asuntos ocultos con ánimo de curación.

La cruz de la salvación

Normalmente se encuentra entre la línea de la vida y del destino a unos 4–6 cm de la muñeca. De hecho, no es que salve vidas, sino que muestra a alguien que trabaja en beneficio de los demás.

Cuidado

Hombre prevenido vale por dos. No siempre se puede saber qué es lo que nos depara el destino, por lo que se deben utilizar las habilidades quirománticas para descubrir las posibles trampas.

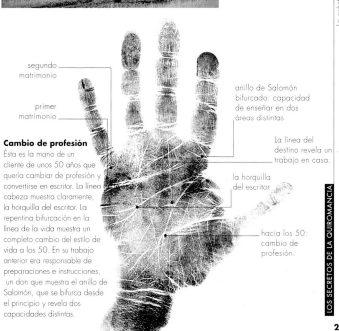

segundo matrimonio

primer matrimonio

anillo de Salomón bifurcado: capacidad de enseñar en dos áreas distintas

La línea del destino revela un trabajo en casa.

la horquilla del escritor

hacia los 50: cambio de profesión.

Cambio de profesión

Ésta es la mano de un cliente de unos 50 años que quería cambiar de profesión y convertirse en escritor. La línea de cabeza muestra claramente la horquilla del escritor. La repentina bifurcación en la línea de la vida muestra un completo cambio del estilo de vida a los 50. En su trabajo anterior era responsable de preparaciones e instrucciones, un don que muestra el anillo de Salomón, que se bifurca desde el principio y revela dos capacidades distintas.

Marcas específicas

Localización
Se debe prestar especial atención a la localización de las marcas en la mano.

Las marcas específicas se deben considerar en el contexto en que se encuentran. Si están en una línea, habría que datarlas. Si están lejos de una línea, estas marcas se evalúan acorde a esto. Una marca en la punta del pulgar, la zona de la razón, acentuará o invalidará esa energía.

El cuadrado de la separación

Un cuadrado tocando la línea de la vida sugiere tiempo empleado fuera de la sociedad normal, ya sea en prisión o en un monasterio.

Estrellas

Estas marcas generalmente enfatizan incidentes y, se vean donde se vean, los intensifican. Una estrella al final de cualquier línea, advierte de eventos futuros, para bien o para mal. En la línea de la cabeza, una estrella muestra poco poder de decisión o un accidente que afecte a la cabeza. En la línea del corazón, revela problemas emocionales.

Una estrella al final de la línea del Sol o del destino apunta un éxito culminante tras un largo período de trabajo duro. En la línea de la vida, significa un posible daño físico.

Una estrella en la primera falange del corazón revela suerte para superar una desgracia. En la tercera falange del anular indica talento y posibilidad de cambio. En la tercera falange del meñique, espíritu y elocuencia.

Barras

Las barras que cruzan cualquier línea o las horizontales actúan como obstáculo. Pasa lo mismo con los puntos, pero con un efecto menor.

Rejillas

Una rejilla representa una fuerza destructiva, ya que se trata de un conjunto de líneas que no van a ninguna parte. Así, si están en el monte de Venus, revelan pérdida de energía en actividades sin recompensa. La rejilla siempre reduce el poder de la línea donde está. En el índice revela una persona posesiva y avara. Una pequeña rejilla en el meñique sugiere deshonestidad.

Círculos

Son muy atípicos, pero si se aprecian se pueden confundir con triángulos mal formados o cuadrados cuando están lejos de la línea. Si se ven en una línea, puede tratarse de una isla. Un círculo bien formado en el monte de Apolo, al final de la línea del Sol, revela alguien brillante. En cualquier otro sitio, es un signo desafortunado.

Marcas específicas

Para más información sobre marcas especiales y su significado, ver pág. 92–93.

GLOSARIO

Ápica Punto de encuentro de las líneas en la mano.

Arco Patrón de la piel, con forma de puente.

Arco abierto Patrón de la piel que se parece a un bucle alto.

Aristas Parte del patrón de la piel, también líneas verticales u horizontales en las uñas que denotan estrés y ansiedad.

Barra Pequeña marca de influencia que cruza las líneas o marcas horizontales, denotan obstáculos.

Brazaletes Grupo de líneas que cruzan la parte interior de la muñeca justo bajo la palma; también conocidas como rascetas.

Bucle Patrón en el esquema de la piel. Hay dos tipos: radial y ulnar.

Cadena Serie de islas pequeñas que crean efecto de cadena en una línea.

Cinturón de Venus Línea corta y semicircular o líneas fragmentadas que van del monte de Júpiter al de Apolo o Mercurio.

Cruz mística Cruz bien definida bajo el dedo corazón entre la línea de la cabeza y del corazón.

Cruz Marca de influencia que surge en cualquier sitio de la mano.

Cuadrado Formación de líneas que aparecen en la palma o en los dedos.

Curva creativa Clara curva desarrollada en la percusión, extremo externo de la mano.

Cruz de la salvación Una cruz que toca la línea de la vida y el destino a unos 4–6 cm de la muñeca.

Dedo de Apolo Dedo anular.

Dedo corazón Dedo de Saturno.

Dedo de Júpiter Dedo índice.

Dedo de Saturno Dedo corazón.

Dermatoglifia Estudio de los patrones de la mano.

Espiral Patrón de la piel, serie de círculos concéntricos.

Estigmas de sanación Pequeña serie de líneas, 4 o 5 líneas verticales hacia la parte interior del monte de Mercurio.

Estrella Formación de líneas con forma de estrella en la palma o dedos.

Falange Sección entre dos nudillos.

Hepática Antiguo nombre para la línea de Mercurio.

Índice Dedo de Júpiter.

Isla Pequeña marca en una línea que sugiere debilidad.

Línea de la cabeza Línea que nace cerca de la de la vida en la zona radial de la mano y se extiende en la palma.

Línea del corazón Línea que nace en el índice y se curva hasta la percusión.

Línea del destino Línea que nace en la muñeca y va

directamente a la base del dedo corazón.

Línea de la familia Línea, normalmente encadenada, que une la segunda y tercera falange del pulgar.

Líneas de influencia Cortas líneas o marcas observadas en cualquier lugar de la mano.

Línea de Marte Línea paralela a la de la vida.

Línea del medio Variación de la línea del destino.

Línea de Mercurio Línea que suele salir de la de la vida hacia el monte de Mercurio.

Línea de la salud Línea de Mercurio.

Línea Sydney Línea que cruza la mano por completo.

Línea simiesca Fusión de la del corazón y la cabeza.

Línea de la vida Nace en cualquier sitio de la zona radial y rodea el monte de Venus hasta la muñeca.

Lunetas Pequeñas medias lunas blancas en la base de las uñas.

Mano cónica Término tradicional que aún se utiliza para una redonda.

Mano llena Palma de gran complejidad por muchas líneas que se entrecruzan.

Mano vacía Palma con pocas líneas visibles.

Montes Elevaciones carnosas en la palma. Dos tipos: dactilares y de la palma.

Montes dactilares Elevaciones carnosas bajo cada uno de los 4 dedos.

Patrón combinado Patrón de la piel, que se puede crear de la variación de un arco, espiral o bucle.

Percusión Extremo externo de la mano.

Radial Pulgar o parte activa de la mano.

Rejilla Líneas de influencia pequeñas, verticales u horizontales, que forman un patrón en forma de rejilla en la palma.

Quiromancia Estudio de las líneas de la mano, término tradicional.

Quironomía Estudio de la forma básica de la mano.

Triángulo Formación de líneas en manos y dedos.

Trirradio Punto donde se encuentran distintos tipos de patrones.

Ulnar Parte externa de la mano, también persusión.

Vía lasciva Línea corta, semicircular y horizontal que une la base de los montes de la Luna y Venus.

Zona de Marte Zona del centro de la palma entre los montes dactilares y la parte superior de los montes de la Luna y Venus.

OTROS TÍTULOS DE ESTA SERIE:

SOLO € 4.99

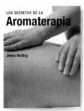

Aromaterapia
Jennie Harding
ISBN 3-8228-2485-2

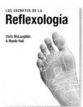

Reflexología
Chris McLaughlin &
Nicola Hall
ISBN 3-8228-2488-7

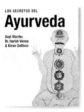

Ayurveda
Gopi Warrier, Dr. Harish
Verma & Karen Sullivan
ISBN 3-8228-2491-7

Reiki
Anne Charlish &
Angela Robertshaw
ISBN 3-8228-2500-X

Qi Gong
Angus Clark
ISBN 3-8228-2497-6

Shiatsu
Cathy Meeus
ISBN 3-8228-2494-1

Sueños
Caro Ness
ISBN 3–8228–2479–8

Tarot
Annie Lionnet
ISBN 3–8228–2482–8

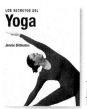

Yoga
Jennie Bittleston
ISBN 3–8228–2506–9

ÍNDICE

AGRADECIMIENTOS

Agradecimientos especiales a N. J. Brown, Jill Butcher, Carla Carrington, Robert Chappell, James Cox, Julian Diamandis, Daisy Freeman, Tara Harley, R. Harrington-Lowe, Simon Harvey, S. Hodges, Ben Lacey, Jo Leitner, Kay Macmullan, Abdoulie Marong, Katharine Newton, M. Parkin, Lucrezia Pizzetti, S. Richardson, Caron Riley, Francesca Selkirk *por su ayuda con la fotografía*.

AGRADECIMIENTOS POR LAS FOTOGRAFÍAS

AKG, London 9, 13, 85, 145, 157, 194tl, 201. **The Bridgeman Art Library** /Simon Carter Gallery, Woodbrdige, Suffolk, GB 190cl /Galleria dell'Accademia, Florencia, Italia 19tl & 197 /Gemäldegalerie, Berlin, Alemania 55tl /National Gallery, Londres, GB 14tl & 213, 18tl /Colección privada 22tl /Museo y galerías del Vaticano, Vaticano, Italia 58t.
Corbis/Bettmann 37, 42tl, /Jacques M Chenet 59t /Ric Ergenbright 26tl /Macduff Everton 6tl /Hulton-Deutsch 55b, 59b /Wolfgang Kaehler 178tr /Leif Skoogfors 87tr. **The Image Bank** /Juan Alvarez 111tc /Georges Colbert 78tr /Romilly Lockyer 126br /Andrea Pistolesi 79t /Donata Pizzi 103tc /Alex Stewart 94b. **Tony Stone Images** 50tl, 206tl, /Martin Barraud 127tc /Christopher Bissell 170tr/Daniel Bolser 102br /Steward Cohen 186tl /Mark Douet 182tl /Dale Durfee 110b /Andrew Errington 118br /Ernst Haas 210tl /James Henry 75tl /Zigy Kalzuny 58br, 206tl/Ebby May 74br /Martine Mouchy 74tl /Dennis O'Clair 166tl /Andreas Pollok 95tc /Alan Thornton 119tc /Art Wolfe 78bl /David Young-Wolff 215t.